COMPARAISON DES BUDGETS

DE 1830 ET DE 1843.

BUDGET DES RECETTES.

EXTRAIT

DU

JOURNAL DES ÉCONOMISTES,

Revue mensuelle de l'Économie politique, des Questions agricoles, manufacturières et commerciales.

Nos 20 et 21. — Juillet et Août 1843.

PRIX D'ABONNEMENT : 30 FR. PAR AN POUR TOUTE LA FRANCE;
SIX MOIS : 16 FR.

Imprimerie de HENNUYER et TURPIN, rue Lemercier, 24. Batignolles.

COMPARAISON
DES BUDGETS
DE 1830 ET DE 1843,

PAR

MICHEL CHEVALIER.

BUDGET DES RECETTES.

PARIS.

Au bureau du Journal des Economistes,

CHEZ GUILLAUMIN, ÉDITEUR,

GALERIE DE LA BOURSE, 5, PANORAMAS.

1843

COMPARAISON DES BUDGETS

DE 1830 ET DE 1843.

Budget des Recettes.

Il est utile à chacun de se livrer de temps en temps à un examen de conscience. Cette pratique ne profite pas moins aux corps et aux nations qu'aux individus. Au sein d'un État, il importe que chacune des administrations publiques, après avoir procédé à cette exploration de soi, la raconte solennellement au pays. Ces comptes-rendus ont un mérite particulier quand ils s'appliquent au Trésor, car là tout est susceptible d'une appréciation rigoureuse, tout se résout en chiffres. Et quoiqu'on puisse quelquefois grouper artistement ces impassibles figures de manière à ce qu'elles semblent dire autre chose que ce qui est, les artifices sont aisés à démêler : il suffit d'être médiocrement expert pour dégager dans ce cas la vérité des enveloppes dont on l'avait recouverte et pour la montrer toute nue. Aussi peut-on être certain qu'un ministre sincère publiera seul de pareils exposés, soit dans le but d'exciter la satisfaction publique par les bons résultats obtenus, soit pour inspirer à l'opinion un légitime effroi, afin qu'un prompt remède soit appliqué à un mal profond qu'il aura découvert.

M. Lacave-Laplagne, administrateur dont la capacité et la loyauté sont reconnus de tout le monde, a fait distribuer aux Chambres un exposé de ce genre. Il a comparé la situation financière de la France telle qu'elle ressort du budget de 1843, à ce qu'elle était à la fin de la Restauration, d'après le budget de 1830. Ce document offre assurément un remarquable sujet d'étude; il fournit le moyen d'estimer assez exactement le développement de la prospérité publique de la France. Car, à moins de nécessités extraordinaires, d'un de ces cataclysmes qui commandent des sacrifices inouïs, et certes rien de pareil n'est survenu depuis 1830, les impôts que supporte un État sont proportionnels à ses ressources, particulièrement là où, à la faveur du régime représentatif, ce sont les citoyens qui votent les dépenses et les revenus publics.

Les résultats généraux de la comparaison des budgets de 1843 et de 1830 sont les suivants :

	RECETTES.	DÉPENSES.
Budget de 1843	1,281,173,360 fr.	1,353,261,377 fr.
— 1830	979,787,135	972,839,879
Accroissement en 1843.	301,386,225 fr.	380,421,498 fr.

La différence des recettes provient

D'augmentation, pour.	361,576,999 fr.
De diminution, pour..	60,190,774
Ce qui donne l'accroissement ci-dessus, de.	301,386,225 fr.

La différence des dépenses provient de même :

D'augmentation, pour.	496,638,012 fr.
De diminution, pour..	116,216,514
Reste en accroissement de dépenses.	380,421,498 fr.

Analysons ces diverses augmentations et diminutions :

AUGMENTATION DE RECETTES POUR 1843 :

1° Sur les 361 1/2 millions composant cette augmentation brute, près de la moitié, 173 millions doivent être attribués à la seule extension de la matière imposable, et procèdent ainsi exclusivement du progrès de la richesse publique. Cette somme se décompose comme il suit :

Contributions directes [1].	29,308,150 f.	173,229,921 f.
Enregistrement, droits de greffe et perceptions diverses	34,810,100	
Droits de timbre..	5,895,000	
Droits de douanes..	25,080,000	
Taxe de consommation des sels [2].	1,957,000	
Contributions indirectes..	24,049,000	
Tabacs.	32,011,000	
Poudres.	1,214,000	
Postes	12,892,000	
Forêts [3]..	4,989,889	
Produits universitaires.	490,682	
Produits divers.	533,100	

[1] 20,026,150 fr. de ce surplus proviennent des contributions assises par voie de répartition (foncière, personnelle et mobilière).

[2] Il s'agit ici de celle qui est perçue par l'administration des douanes seulement.

[3] L'État a cependant une moins grande étendue de forêts qu'en 1830.

Report. . . . . 173,229,921 f.

2° Les changements apportés aux tarifs de perception des impôts et revenus indirects ont produit une recette de 11,481,900 fr., dont 5,564,900 fr. proviennent de l'accroissement de droits d'enregistrement ordonné par la loi du 21 avril 1832, et 5,917,000 fr. des voitures publiques et de diverses taxes indirectes, ci. 11,481,900

3° Un petit nombre de taxes nouvelles ont été établies. Les transmissions des offices produisent ainsi 1,350,000 fr.; quelques dispositions introduites, à l'égard des boissons, dans la loi des recettes de 1842, 1,000,000 fr.; les droits sur le sucre indigène rendent 7,035,000 fr.; le service rural des postes, les paquebots des postes, de nouvelles conventions postales avec les gouvernements étrangers, et divers produits accessoires des postes donnent 4,978,000 fr., total 14,363,000

4° Les droits de chancellerie pour visa d'actes et de passe-ports; les droits de sceau, les produits spéciaux de l'ancien domaine extraordinaire, et l'affermage de la chasse dans les forêts de l'État ont donné 999,000 fr.; les revenus de l'Algérie sont de 2 millions 440,000 fr., c'est donc un total de. 3,439,000

5° Depuis 1830 les conseils généraux de départements et les conseils municipaux, probablement parce que leur qualité d'élus leur a inspiré plus de confiance, ont plus fortement imposé leurs concitoyens, mais uniquement dans une vue d'utilité publique. C'est ainsi que les routes départementales se sont étendues, que des chemins vicinaux de grande communication ont été entrepris de toutes parts, que des prisons plus saines et mieux aménagées, des palais-de-justice, des écoles, des salles de spectacle, sont sortis de terre comme par enchantement. En outre, une somme d'environ 3 1/2 millions, jusqu'alors à la charge du Trésor, a été mise à celle des départements. De la sorte, les taxes départementales se sont accrues de 30,274,370 fr., et les taxes municipales de 15,859,100 fr.

C'est en tout une somme égale au produit net des octrois de toutes les villes avant 1830, ou de 46,133,470

6° En outre, les produits éventuels affectés au service des départements se sont accrus de. 10,653,660

7° Divers services spéciaux rattachés au budget de l'État depuis 1830, ont donné une augmentation de 18,350,274 fr. qui, presque en totalité par conséquent, n'est qu'apparente. Tels sont les recettes des colonies montant à 5,994,000 fr.; les produits universitaires, jusqu'à concurrence de 3,593,800 fr.; la valeur au prix coûtant des poudres livrées aux ministères par le service des poudres et salpêtres, 3,472,574 fr.; le produit de la rente de l'Inde, qui est d'un million; celui des taxes de plombage et d'estampillage des douanes, estimé à la même somme; les produits spéciaux des écoles militaires et navale, des écoles des arts et métiers, des écoles vétérinaires, des bergeries, des haras et dé-

A reporter. . . . . 259,300,951 f.

Report.	259,300,951 f.
pôts d'étalons, des établissements thermaux, et diverses menues recettes. Le tout s'élevant à.	18,350,274
8° Divers produits, les uns permanents, comme la taxe des brevets d'invention, les bénéfices de la Caisse des dépôts et consignations, évalués à un million, les autres accidentels, comme la vente de domaines, portée à 2,177,660 fr., ont donné au chapitre des *Produits divers* et à celui des *Domaines* un supplément de.	6,517,310
9° Enfin les impositions affectées aux non-valeurs, aux secours et à quelques services spéciaux, présentant une augmentation de.	2,408,464
TOTAL.	286,576,999 f.

On a fait figurer, de plus, parmi les recettes une augmentation qui n'a rien de commun avec le développement de la prospérité publique, c'est une somme de 75,000,000 fr., qu'on doit se procurer par l'emprunt. Nous n'en tiendrons pas compte ici. Mais il y a lieu de croire que les impôts, par le mouvement ascensionnel qui en accroît tous les jours le produit, rendront, en sus des évaluations, rapportées ici telles qu'elles figurent dans la loi de finances votée en 1842, une somme non pas équivalente à cet emprunt de 75,000,000 fr., mais pourtant considérable. Les cinq premiers mois de 1843 ont rendu au delà de 30,000,000 fr. en sus des estimations du budget ; ce serait un boni de 60,000,000 fr. pour l'année entière.

DIMINUTION DES RECETTES.

Parallèlement à cette augmentation des revenus publics, quelques articles présentent des diminutions, toutes au surplus prévues et volontairement consenties par les trois pouvoirs. Ainsi deux sources de recettes justement réprouvées par la clameur des bons citoyens, la loterie et les jeux, donnant un produit net, l'une de 12,500,000 fr., l'autre de 5,500,000 fr., ont été taries. L'affaiblissement des droits en détail sur la vente des boissons, voté en décembre 1830, a causé une perte qu'une évaluation trop modérée porte à 31,930,000 fr. Des droits de timbre supprimés ou adoucis ont occasionné de même un abaissement de revenu de 1,329,000 fr. La compagnie des salines de l'Est, dont le bail était de 1,800,000 fr., a cessé d'exister. Les intérêts de la créance de l'Espagne montant à 2,349,277 fr., ne figurent plus à l'actif du budget.

L'achèvement progressif des travaux du cadastre a permis de réduire les centimes spéciaux affectés à ce service de 3,400,000 fr. Diverses diminutions de détail ont amené de même une moins-value en recette de 1,382,497 fr.

Le total des diminutions n'est ainsi que. . 60,190,774 fr.

En déduisant des accroissements de recettes cette somme de 60,190,774 fr., ainsi que l'emprunt à effectuer de 75,000,000 fr., l'augmentation qui ressort définitivement est de. . . . . 226,386,225 fr.

Il y a lieu de croire que les sommes perçues au delà des prévisions porteront cette somme à 270 millions au moins, et peut-être à 280 millions. Mais il convient de retrancher de l'augmentation apparente les 18,350,274 fr., produits de divers services spéciaux rattachés au budget de l'État depuis 1830, ce qui réduit l'accroissement réel à 208 millions que les surplus de recettes porteront à 250 sinon au delà.

ANALYSE DES AUGMENTATIONS.

Examinons sommairement quelles sont les causes fiscales proprement dites qui ont influé le plus sur ces augmentations, et signalons quelques-unes de celles qui pourraient les développer à l'avenir. A cet effet, passons rapidement en revue les diverses administrations financières.

I. CONTRIBUTIONS DIRECTES.

Les contributions directes (foncière, personnelle et mobilière, portes et fenêtres et patentes) figurent au budget de 1843 pour 33 pour 100, ou	402,012,768 f.
En 1830, c'était 33 4/10 pour 100.	327,562,684
L'accroissement est de. . . . . ou de 23 pour 100.	74,450,084 f.
Cet accroissement affecte les fonds généraux du Trésor pour	29,308,150 f.
Et les fonds spéciaux des départements, des communes et des non-valeurs, pour.	45,141,934
Somme pareille.	74,450,084 f.

En ce qui concerne les fonds généraux du Trésor, l'accroissement est imputable pour 9 millions aux patentes, pour 16 millions à une fixation nouvelle des contingents relatifs aux portes et fenêtres et à la contribution personnelle et mobilière, conformément au progrès de la richesse publique ; pour 4 millions aux constructions nouvelles.

A l'égard des départements et des communes l'accroissement procède de la libre volonté des contribuables représentés par les conseils électifs départementaux et municipaux, qui, dans une pensée d'utilité publique, ont voté des dépenses productives, notamment pour les chemins vicinaux et l'instruction primaire.

Parmi les contributions directes, la plus importante, la contribution foncière, qui forme les deux tiers du total, 265 millions sur 402, n'est pas, on le sait, équitablement répartie entre les départements. Cette inégalité remonte à l'Assemblée constituante, ou plutôt à l'ancien régime, et elle est extrême ; d'un département à l'autre la contribution foncière varie quelquefois du simple au double pour un même capital, en ne parlant que de la portion nommée le principal, et indépendamment des centimes additionnels que s'imposent les départements et les communes et qui nécessairement sont variables d'un point à l'autre du territoire ; il serait utile d'établir une péréquation de cet impôt, car, des principes de notre droit public, aujourd'hui, l'égalité des charges est celui auquel on tient le plus.

La Constituante fixa le principal de l'impôt foncier à 240 millions, dont elle décréta aussitôt l'égale répartition. Cette dernière partie du décret, comme beaucoup d'autres lois de cette époque, fut non avenue. Elle était tout simplement impraticable, les éléments manquant pour une égale répartition. Le chiffre de 240 millions était d'ailleurs exorbitant : il prévalut, il faut le croire, en grande partie à cause de l'influence de l'école des *physiocrates*, qui professait cette opinion, que la terre étant exclusivement la source de toute richesse, c'est en l'imposant qu'on atteint le plus sûrement et le plus équitablement toute matière imposable. On prit donc les fixations de l'impôt des *vingtièmes* de l'ancien régime, et provisoirement c'était ce qu'on avait de mieux à faire ; mais il fut entendu que c'était du provisoire, et pour arriver à la juste assiette de l'impôt le cadastre fut résolu.

En 1797, la misère publique décida le gouvernement à accorder un dégrèvement de 22,900,000 fr., qui fut distribué en raison de la surcharge évidente dont certaines provinces étaient accablées. L'année suivante on réduisit encore d'un *vingtième*, ou de 10,902,000 fr., mais toutes les localités participèrent également à cette réduction. En 1799 un nouveau dégrèvement de 17,657,000 fr. fut appliqué à couvrir la part contributive des domaines nationaux exemptés d'impôt, et à corriger un peu plus l'inégalité de la répartition primitive. Pendant les années 1801, 1802, 1804 et 1805, une réduction de 17,381,000 fr. eut lieu sur le rôle des contributions, de manière à réparer des inégalités choquantes que n'avaient pu atteindre les autres moyens employés par l'administration. En 1808, le gouvernement adopta le système du cadastre parcellaire, c'est-à-dire se détermina à évaluer toutes les parcelles de propriété, afin d'établir plus exactement la part contributive des particuliers, des communes, des cantons, des arrondissements et des départements. Quoique le cadastre ne fût pas terminé sous l'Empire (il ne l'est pas encore), on arriva à une connaissance suffisamment approximative de la matière pour être en mesure d'opérer une péréquation, au moins entre tous les cantons cadastrés : mais le projet souleva tant de réclamations, qu'on en ajourna l'accomplissement. Sous la Restauration la question fut examinée de nouveau avec le plus grand soin ; cependant on ne jugea pas opportun ni prudent encore d'appliquer les termes de la solution à laquelle cette étude nouvelle avait conduit. On se borna en 1819 à un dégrèvement de 4,590,000 fr., en faveur des départements les plus surchargés, et en 1821, à une réduction nouvelle de 13,529,000 fr., au profit de 52 départements. Le principal de l'impôt foncier fut ainsi de 154,787,387 fr. C'était, depuis la Constituante, un soulagement de 85 millions. Aujourd'hui le principal de l'impôt foncier est de 157,411,000 fr.

On n'a marché ainsi vers la péréquation que par voie de dégrèvement. Qu'on doive ou non persévérer dans l'emploi de ce procédé unique, il convient d'adopter des dispositions pour la conservation du cadastre, dont la division du sol et les perfectionnements agricoles défigurent chaque jour les premiers plans. A cet égard il ne paraît pas que l'administration ait pris aucun parti, et c'est fort regrettable. Si l'on n'y avise, l'énorme dépense qu'a occasionnée le cadastre se trouvera avoir été consommée en pure perte.

On conçoit aussi combien il est nécessaire, pour empêcher l'inégalité fâcheuse qui subsiste aujourd'hui, de s'aggraver encore, non plus de département à département, mais de famille à famille, d'homme à homme, de procéder, à des intervalles assez rapprochés, à des recensements nouveaux propres à constater l'existence des nouvelles propriétés bâties, à révéler les changements causés par la culture, et à donner les bases d'une contribution personnelle et mobilière qui soit toujours juste. La nouvelle matière imposable qu'on atteindra ainsi chaque fois profitera au Trésor, aux intérêts duquel il faut bien veiller; car l'impôt tend à devenir de plus en plus pour la société un placement avantageux.

Parmi les contributions directes, celle des patentes donnait lieu à de justes réclamations. La patente se compose d'un droit fixe et d'un droit proportionnel s'élevant au dixième du loyer. Cette dernière partie de l'impôt est excessive pour certaines industries, si bien qu'à cet égard la loi était tombée en désuétude : on avait ainsi, au lieu du régime de la loi, celui de l'arbitraire. Une loi nouvelle a été présentée aux Chambres cette année, afin de remédier à cet inconvénient.

II. ENREGISTREMENT, TIMBRE ET DOMAINES.

L'Enregistrement, avec le Timbre et les Domaines, est porté dans le budget de 1843 à. . . . . 237,041,110 fr.
Il rendait, en 1830. 186,295,000

L'augmentation est ainsi de. . . . . . 50,746,110 fr.

L'accroissement réel est de 53,811,460 fr.; mais diverses réductions sur le timbre des effets de commerce (loi du 24 mai 1830), la création du timbre spécial de 15 centimes pour les effets de 300 fr. et au-dessous (loi du 20 juillet 1837), la suppression du timbre des livres de commerce et du timbre des œuvres de musique, ont occasionné une diminution de 967,000 f.; la suppression d'un timbre spécial sur les journaux a grossi cette perte de 362,000 fr.; les amendes sur le timbre ont rendu en moins 1,736,350 fr., de là une somme de 3,065,350 fr. à rabattre : l'augmentation est ainsi réduite à 50,746,110 fr.

La majeure partie de cet accroissement provient du développement des affaires et de la prospérité publique. Avec les taxes telles qu'elles existaient en 1830, l'enregistrement et le timbre auraient rendu, en 1843, un supplément de 40,052,600 fr. L'aggravation des taxes et la création d'un droit nouveau sur les offices ont produit un surcroît de 6,914,900 fr. Le reste de l'augmentation se compose de divers produits rattachés au budget, comme les droits de chancellerie et du sceau, les produits spéciaux de diverses écoles d'arts et métiers et vétérinaires, des bergeries, haras et dépôts d'étalons, des établissements thermaux; d'un accroissement d'un peu plus d'un million sur les amendes, d'un supplément de plus de deux millions sur la vente de propriétés du Domaine et d'objets mobiliers provenant des ministères, et de quelques autres accessoires.

Les droits sur ventes d'immeubles, pour 1843, sont de 88,970,000 fr., au lieu de 68,648,000 fr. L'augmentation, on le voit, est considérable. Les ventes de meubles produisent 9,658,000 fr. au lieu de 7,407,000 fr. Les donations rapportent à l'Etat, en 1843, 8,629,000 fr., au lieu de 6,878,000 fr.; les successions, 34,171,000 fr., au lieu de 24,123,000 fr. Le chiffre actuel, malgré la croissance qu'il présente, montre que la société est pleine de respect pour l'hérédité; on ne lui demande que 3 pour 100 de l'impôt total supporté par le pays. L'augmentation de 1830 à 1843 doit cependant être attribuée pour une bonne part à la loi de 1832 qui a augmenté les droits sur les successions en ligne collatérale et entre personnes non parentes. Ces successions ont rendu 21,003,000 fr., au lieu de 12,824,000 fr., soit 8,179,000 fr. en sus, sur quoi 5,003,000 fr. proviennent de la hausse des droits.

Les droits d'enregistrement sur les ventes foncières ont le défaut d'être trop élevés; ils paralysent ainsi l'esprit de légitime spéculation, et l'empêchent de se porter sur la propriété foncière, ou bien ils provoquent à la fraude. Il est de notoriété publique qu'il se fait peu de ventes où une partie des droits ne soit fraudée. Il serait possible d'avoir beaucoup plus de ventes et beaucoup moins de fraudes : les droits équivalant aujourd'hui à 6 et demi pour 100, il s'ensuit que pour le succès d'une spéculation consistant à acheter pour revendre, il faut que la valeur vénale de l'immeuble hausse de 13 pour 100 dans le délai de la première partie de l'opération à la seconde, ce qui est bien fort. On comprend que le ministre des finances ne compromette pas volontiers une branche de revenu qui rapporte maintenant 90 millions, car c'est ce que produisent les ventes d'immeubles; mais il pourrait, sans péril pour le Trésor, consentir à une réduction des deux tiers du droit pour toute vente qui serait répétée dans le délai d'un an ou même de deux ans;

ce serait un essai qui éclairerait sur la convenance d'autres modifications au tarif de l'enregistrement.

Sur les transactions hypothécaires le fisc perçoit 1,932,000 f. En 1830, c'était 1,602,700 fr. Ainsi, fiscalement parlant, notre régime hypothécaire est peu onéreux à la propriété. Mais si notre législation sur les hypothèques n'astreint pas l'emprunteur à des versements considérables dans les caisses de l'Etat, elle lui est onéreuse à beaucoup d'autres titres, et elle est préjudiciable au prêteur lui-même. On a remédié à quelques-uns de ses inconvénients en simplifiant la procédure d'expropriation; elle laisse cependant infiniment à désirer encore. Un énorme dommage est ainsi causé à l'agriculture, qui est dans l'impossibilité de se procurer les capitaux dont elle a besoin pour améliorer ses procédés.

Des opinions diverses ont été émises sur la nature des modifications à introduire dans nos lois hypothécaires; l'une, qui semblera passablement radicale, consisterait à supprimer non-seulement l'hypothèque légale qui pèse comme une menace invisible sur une grande quantité de propriétés et les tient en dehors de la circulation, mais même l'hypothèque de toute nature, sauf à fournir une autre garantie, comme serait le placement en fonds publics, pour les droits des mineurs et des femmes. La propriété aurait dès lors de tout autres caractères; elle perdrait quelques attributs de fixité et d'immobilité qui, s'ils ne dérivent pas de la féodalité, ont été renforcés et exagérés par elle, et deviendrait plus commerciale. La délimitation profonde aujourd'hui entre les meubles et les immeubles serait beaucoup moins marquée. Cette idée doit choquer beaucoup d'idées reçues, mais si ces idées n'étaient que des préjugés? Il faut au moins reconnaître que pas une mesure n'aurait à beaucoup près la même efficacité pour fonder le crédit agricole. La propriété foncière devenant alors un gage facilement saisissable, les propriétaires seraient les hommes qui emprunteraient aux meilleures conditions. On a même soutenu qu'on ne pourrait fonder le crédit agricole chez nous qu'à cette condition.

III. Forêts.

Les forêts de l'État, avec l'annexe peu importante de la pêche, rendent en 1843	34,862,000 fr.
Sur le budget de l'exercice 1830, elles étaient portées pour	29,695,111
L'accroissement est de	5,166,889 fr.

Les coupes des forêts de l'Etat, qui rapportaient 27,190,000 fr., donnent en 1843, avec les droits accessoires, 30,427,500 fr.; c'est un surplus de 3,237,500 fr.; cependant, l'Etat a vendu une partie de ses forêts pour se procurer des fonds après 1830.

L'exploitation des forêts de l'Etat est mieux entendue : l'excellente institution de l'école forestière de Nancy porte ses fruits; l'organisation du service est incontestablement meilleure, mais en pareille matière, les effets des améliorations ne se font sentir qu'avec lenteur; le surplus de revenu qu'ont produit les forêts de 1830 à 1843 provient de la hausse des prix des bois. Les maîtres de forges se disputent les coupes avec acharnement, et les *cent* kilogr. de charbon de bois, qui valaient, il y a vingt-cinq ans, 4 à 5 fr., sont montés dans les départements où les forges sont le plus nombreuses, dans la Haute-Marne et la Meuse, par exemple, à 12 fr. Les maîtres de forges du pays de Galles payent 4 fr. 50 c. à 5 fr. les *mille* kilogr. de houille!

Provisoirement, dans l'intérêt du consommateur, à qui il serait bien utile d'avoir à bon marché le fer, matière première à l'usage de toutes les industries, on doit souhaiter que le revenu des coupes baisse au lieu de monter. Les six ou sept millions qu'à notre avis l'Etat gagne de trop par la vente de ses coupes de bois coûtent bien cher au public. Il est facile de s'en convaincre :

Le sol forestier du royaume embrasse une superficie de 8,521,100 hectares, qui se répartissent ainsi :

Forêts de l'État	1,098,784 hect.
— des communes et établissements publics	1,803,206
— des particuliers, y compris la liste civile	5,619,110
Total	8,521,100 hect.

La mise à prix des coupes des forêts de l'Etat, qui sont les mieux administrées et qui forment un bloc énorme, règle les cours des bois. Quand l'administration des forêts tient les prix élevés, ce ne sont pas seulement les 5,400,523 stères, par elle fournis moyennement, qui en sont affectés, c'est le total de 35,433,368 stères [1] produit de l'ensemble des forêts du

[1] On estime que les forêts de l'État rendent en moyenne 4 st. 915 par hectare; celles des communes et établissements publics 4 st. 084, et celles des particuliers 4 st. 035.

royaume, de sorte que pour obtenir un supplément de 6 millions, elle fait payer au public une somme dont le maximum possible est de 40, à quoi il faudrait ajouter encore la plus-value acquise, par ricochet, au fer fabriqué à la houille[1]. Il n'y a peut-être pas d'exagération à dire que, pour se procurer 6 millions de plus, l'administration des forêts en fait sortir 50 de la poche des contribuables.

D'un autre côté, les revenus des forêts sont susceptibles d'une augmentation tout à fait désirable au moyen de la replantation de nos montagnes, où les bois ont été dévastés, sans que, sur les pentes où ils croissaient, aucune culture ait pu les remplacer. Cette œuvre est urgente, car tous les jours la terre végétale disparaît de ces surfaces inclinées, et bientôt il n'y restera plus que le roc nu. Les landes, pâtis et bruyères, dus au défrichement ou plutôt à la destruction des forêts, représentent approximativement 7,800,000 hectares, c'est-à-dire une superficie à peu près égale à celle des forêts qui subsistent encore; ce sont pourtant des bois qui ne demandent qu'à renaître, et qui reviendraient spontanément si la dent meurtrière des troupeaux n'était toujours là pour anéantir la moindre pousse qui surgit; leur régénération offrirait des ressources inépuisables à l'industrie métallurgique dans des contrées où le combustible minéral n'existe pas, et où les minerais de fer abondent. C'est ainsi que les parties supérieures des vallées des Pyrénées prospéreraient si elles avaient du bois, et les populations n'y peuvent avoir de l'aisance qu'à ce prix, car, à cette élévation, la culture ne donne que des produits bien médiocres et incertains. Cette vaste opération régulariserait les cours d'eaux, qui sont devenus des torrents fougueux, et qui, dans les Alpes françaises, ravagent maintenant le fond des vallées. Elle est tout à fait digne de l'Etat; elle est nationale par les profits qu'elle promet au pays et par la généralité de ses résultats; elle l'est parce que seul l'Etat peut l'entreprendre.

IV. DOUANES.

Les douanes avec les droits de navigation, les droits à la sortie et quelques produits accessoires, et déduction faite des

[1] L'évaluation de cette sorte d'impôt, ainsi exigé du public, serait plus forte encore si l'on tenait compte des bois provenant d'une autre origine que les forêts proprement dites, et qui représentent une masse de 20,000,000 stères.

sels, sont portées sur le budget de 1830 pour 110,940,000 fr., et sur celui de 1843 pour 137,020,000 fr. Les droits à l'importation figurent dans ce total pour. . . 129,679,000 fr.

En 1830, ils étaient comptés pour. . 104,165,000

Si l'on sépare les sucres des autres marchandises, les deux nombres comparatifs sont,

Pour 1843.	86,056,000 fr.
— 1830.	69,075,000
En plus pour 1843.	16,981,000 fr.

Parmi les articles qui ont donné lieu à cette augmentation, sont les cotons et les laines bruts, dont nos fabriques absorbent des quantités toujours croissantes.

En 1829, nous importions :	laine	5,763,033 [1] kilog.
— —	coton.	31,839,001
En 1841, l'importation a été :	laine	20,364,973
— —	coton.	55,870,483

Il n'est donc pas surprenant que, pour 1843, l'augmentation de l'impôt sur les laines soit de 5,800,000 fr., et celle de l'impôt sur les cotons de 5,900,000 fr.

L'importation des fils de lin et de chanvre a de même éprouvé une très-forte hausse. De 340,000 fr. le produit de l'impôt est passé à 3,070,000 fr. Il est vrai que le droit a été porté d'abord à 11 pour cent, puis à 22 pour cent nominalement et à 30 réellement sur quelques numéros[2]. Nous importons aussi des fontes brutes. Depuis 1836, les fontes anglaises destinées au moulage dominent sur nos marchés; les fondeurs de Paris en emploient à peine d'autres. De même l'entrée des houilles étrangères a été favorisée par le développement de l'industrie et par la baisse des droits ; au lieu de 550,942[3] tonnes (de 1,000 kilog.) que nous importions en 1829, nous en recevons mainte-

[1] Sous le rapport de la laine, l'année 1829 présente accidentellement une diminution. L'importation avait été en 1827 de 7,381,857 kilog., et en 1828 de 7,686,889.

[2] Le droit tel qu'il a été établi dernièrement était destiné à écarter du marché français les fils anglais; mais les filatures mécaniques de lin et de chanvre ne s'étant pas encore établies en France, les fils anglais continuent d'entrer : de là un revenu qui promet d'être considérable pour 1843.

[3] Ce chiffre et le suivant présentent l'ensemble des importations de houille et de coke (houille carbonisée).

nant 1,598,903 [1] tonnes; de là un accroissement de recette de 1,700,000 fr.[2]. Un article alimentaire, le café, est devenu, depuis 1830, d'un usage beaucoup plus fréquent; en 1829, la France en consommait 9,095,342 kilogrammes. En 1841, la consommation a été de 12,954,116 kilogrammes. De là un accroissement de droits de 4,600,000 fr.

Un procédé efficace pour accroître le revenu de nos douanes consisterait à lever les prohibitions et à tempérer les droits prohibitifs de manière à les rendre simplement protecteurs. Nous avons fait, bien timidement, quelques pas dans cette voie depuis 1830. Il nous en reste à faire encore. Le temps est venu, car notre industrie a la puissance de supporter le choc de la concurrence étrangère, pourvu qu'on lui donne l'assistance de droits de douanes modérés.

Parmi les articles ainsi frappés, il en est à l'égard desquels il est impossible d'empêcher la contrebande. Tels sont les tissus fins de coton, la bonneterie anglaise (prohibée), les tulles (prohibés). Il faut se résigner à les laisser entrer en payant un droit. C'est pour protéger ces articles qu'on a imaginé l'odieuse pratique de la *visite à corps,* qui met la pudeur de la femme, de la fille ou de la sœur de chacun de nous à la merci de je ne sais quelles mégères, à la discrétion d'agents subalternes. Pratique indigne d'un peuple civilisé, incompatible avec les plus simples notions de la liberté; outrage flagrant à la morale publique. En substituant des droits modérés à la prohibition, on ferait arriver au Trésor des sommes assez fortes, aujourd'hui la proie des contrebandiers. Il faut bien se dire, d'ailleurs, que la production des articles d'un prix élevé sous un faible volume, au profit desquels a été établie cette déplorable visite à corps, ne joue qu'un rôle bien subal-

[1] Ce chiffre comprend 58,425 tonnes, qui, consommées à bords des bâtiments à vapeur de la marine française, ne payent pas de droits.

[2] Le droit a éprouvé une forte réduction. A l'égard de notre littoral de la Manche, l'effet de cette réduction a été cependant d'accroître le revenu, parce qu'elle a permis l'entrée sur une grande échelle des houilles anglaises, qui, même après le dégrèvement, payent au Trésor plus cher que les houilles belges, par elles remplacées. Mais sur la frontière de terre du côté de la Belgique, et c'est là qu'a lieu notre grande importation, le revenu public a été diminué. Il en a été de même sur notre littoral du sud-ouest. Il est tellement avantageux de procurer de la houille à bas prix à l'industrie qu'on devrait niveler les droits sur le littoral et faire disparaître la distinction tout artificielle qui résulte des *zones*.

terne dans le *travail national*. A cet égard, une ordonnance de 1835, transformée en loi le 2 juillet 1836, a opéré une sage transformation pour les fils de coton jusqu'alors prohibés. La prohibition a été remplacée, pour les fils d'un haut numéro (143 et au-dessus), par un droit de 7 fr. par kilogramme et de 8 fr. pour les fils retors. Le fisc a reçu ainsi, en 1841, 541,012 fr. Mais la contrebande continue encore, et par ce motif un abaissement nouveau du droit sur cet article serait opportun.

Pour d'autres articles la contrebande est difficile. Pour les fers, par exemple, elle est impossible. L'élévation du droit est telle qu'il n'entre pas de fer forgé en quantité appréciable. La réduction du droit est nécessaire à l'industrie et à l'agriculture françaises, qui payent trop cher cet objet de première nécessité, cette matière première de tout leur outillage[1]. En dernière analyse, cette prohibition de fait se résout, non en une protection pour le producteur, mais en une prime au profit des propriétaires de bois, prime exagérée que rien ne justifie ; car,

[1] En ce moment l'État fait à ses dépens l'épreuve de ce que coûte au pays notre législation douanière à l'égard des fers. Il a récemment subi un marché avec publicité et pseudo-concurrence qui lui fait payer les rails 389 fr. 50 les 1,000 kilog. Les Anglais les lui eussent fournis sur le pied de 150 ou 160 francs. A raison de 140 kilog. par mètre, c'est par kilomètre de chemin de fer un surcroît de dépense d'au moins 28,000 francs. Or, avec 28,000 fr. on ouvrirait trois kilomètres de routes départementales. En nous exprimant ainsi, nous voulons uniquement montrer ce que coûte au pays la protection excessive et mal combinée dont l'industrie du fer est présentement l'objet. Nous n'entendons pas recommander la suppression instantanée des droits protecteurs. Il ne peut être question que d'une réduction graduelle. Les établissements travaillant à la houille ont, à part une ou deux exceptions, réalisé jusqu'à présent très-peu de profits : jusqu'à ce jour même, presque tous ont été en perte. Il convient donc qu'ils soient ménagés, et par conséquent les droits ne sauraient être abaissés que successivement, au fur et à mesure des progrès de ces usines; mais ils doivent l'être, parce que ces progrès sont évidents. Le législateur doit se proposer de réduire la protection de moitié d'ici à peu d'années. On hâterait l'instant où cette réduction pourrait avoir lieu, par la prompte exécution de quelques canaux, tels que le canal de la Marne au Rhin prolongé jusqu'à Sarrebruck, et le canal qui joindrait celui-ci à la Saône, par le perfectionnement de quelques fleuves, tels que le Rhône, et par un meilleur aménagement des diverses lignes de navigation déjà existantes; car un meilleur système de communications intérieures rapprocherait les forges, d'une part, des matières premières, d'autre part des consommateurs, et activerait la concurrence que les forges à la houille suscitent aux forges au bois, en attendant qu'elles se la fassent les unes aux autres, ce qui ne peut tarder.

en admettant que les propriétaires de bois pussent invoquer les droits acquis, tout ce qui leur serait acquis c'est la valeur des bois telle qu'elle était en 1822, à l'époque où les lois prohibitives furent votées. Or, ce point est bien dépassé aujourd'hui. A mesure que nous avançons, nos maîtres de forges améliorent leur industrie et diminuent la consommation de combustible. Pour faire du fer, il en est, ceux de la Haute-Marne et de la Meuse, par exemple, qui emploient aujourd'hui moins de la moitié du bois que leurs fourneaux dévoraient il y a vingt ans, et ils sont au moment de réduire encore leur consommation dans une forte proportion [1]. Mais la quantité de bois étant limitée, les propriétaires forestiers, à commencer par l'État, font la loi aux maîtres de forges, et élèvent régulièrement leurs prix au fur et à mesure des perfectionnements, dont ils tirent ainsi à eux tout le bénéfice; *sic vos non vobis*. Le droit de douanes règle seul les prix de vente des bois; seul il s'oppose à ce que le consommateur jouisse complétement des progrès de l'industrie, et c'est pour ce motif qu'il faut le réduire.

A l'égard du bétail, pareillement, le droit est trop élevé, et si on le diminuait de moitié ou des trois quarts, le fisc y gagnerait. En 1841, il est entré en France de gros bétail 58,152 têtes, dont seulement 9,121 bœufs, le reste en vaches (20,872), taureaux, bouvillons, génisses et veaux; et de bêtes à laine 154,177. En fait de bœufs, ce n'est que 13 pour 100 de la seule consommation de Paris, et en fait de moutons 35 pour 100. Il ne faut pas attribuer à la diminution du droit sur le bétail l'importance que quelques personnes, dans un louable désir d'améliorer l'alimentation publique, lui ont supposée. Quand même on reviendrait au droit primitif de 3 fr. 30 c. par tête de bœuf, je ne crois pas qu'il en résultât une réduction bien appréciable des prix de la viande dans l'ensemble du royaume. Il est à souhaiter que la viande de mouton et celle de bœuf jouent un plus grand rôle dans l'alimentation de la France.

[1] C'est au moyen de l'affinage de la fonte à l'aide de la chaleur des hauts-fourneaux, ou plus exactement en se servant des gaz combustibles qui s'échappaient inutilement jusqu'à ce jour du gueulard des hauts-fourneaux. M. d'Andelarre, maître de forges à Treveray (Meuse), assisté de MM. Thomas et Laurence, ingénieurs civils, a poursuivi cette amélioration avec une persévérance et une sagacité dignes des plus grands éloges, et tout annonce qu'il est enfin parvenu à une solution de toutes les difficultés qu'il avait rencontrées d'abord.

C'est nécessaire à l'hygiène publique. En l'absence d'une certaine proportion d'aliments fortement azotés (et la viande est le meilleur ou pour mieux dire à peu près le seul), la race s'abâtardit, les armées sont chétives, la fatigue et les intempéries des saisons tuent les soldats par milliers. Voyez nos hécatombes d'Alger! Sans viande, les progrès industriels sont difficiles, parce que des ouvriers moins forts font moins d'ouvrage. Cependant ne nous le dissimulons pas, c'est du progrès agricole, c'est de l'adoption de bonnes mesures pour l'irrigation, de la diffusion des capitaux parmi les agriculteurs, que la France doit espérer la baisse du prix de la viande; c'est par là seulement que nous serons bien approvisionnés. Pour nos départements frontières et particulièrement pour ceux de l'Est et du Sud-Est, pour l'Alsace, le Lyonnais, le Dauphiné et la Provence, il y a, dans l'intérêt public, d'excellents effets à attendre de l'entrée du bétail étranger, et c'est au nom de cette portion du territoire qu'un abaissement du droit sur le bétail étranger doit être sollicité [1]. Il ne serait pas impraticable d'établir une distinction entre les bêtes grasses et les bêtes à engraisser, de manière à favoriser spécialement l'introduction de celles-ci.

Les vins étrangers sont aussi grevés de droits très-forts. Cette rigueur est superflue. Il n'est pas à craindre que jamais les vins étrangers supplantent les vins nationaux. Ils ne seront jamais admis dans nos caves que comme assortiment. Ne fût-ce que pour ne pas justifier la loi du talion à notre égard, il conviendrait d'adoucir ces droits. Ils seraient ainsi rendus plus productifs, sans danger pour nos vinicoles.

En général notre tarif est trop élevé. Loin de moi la pensée de livrer notre industrie sans défense aux attaques des ateliers britanniques dont les forces sont supérieures. Les manufacturiers anglais ont la puissance et l'audace des Titans. L'Angleterre a une capacité de production telle, qu'à un moment donné

[1] Il y a peu de mois, j'ai trouvé entre les deux rives du Var une différence extrême des prix de la viande : à Draguignan, le mouton coûte le double du prix de Nice; pour le bœuf, c'est à peu près la même différence. Les départements du sud-est sont ceux qui souffrent le plus du mode actuel de perception par tête, parce que les bœufs que le Piémont pourrait leur fournir sont de très-petite taille.

elle peut inonder de ses produits un marché qui lui serait librement ouvert. Cette sorte d'invasion ne serait sans doute qu'un accident, car on ne joue pas longtemps un jeu où l'on perd. Mais contre ces accidents-là il est bon d'être en garde. Heureusement l'Angleterre est le seul État dont nous ayons à craindre aujourd'hui la concurrence, et déjà nous en supportons l'effort sans trop de peine sur plusieurs marchés étrangers. Rien ne peut légitimer des droits considérables entre la Belgique et nous, entre nous et l'Allemagne. Dans l'intérêt de nos consommateurs qu'on néglige trop, par sympathie pour les classes agricoles, il est essentiel que nos manufactures ressentent quelque peu l'aiguillon de la compétition étrangère; plusieurs de nos manufacturiers n'ont besoin de rien de plus pour être au premier rang dans l'univers. Ainsi la prohibition contre les tissus de laine et de coton est aujourd'hui sans excuse. Avec une protection modérée qui ne permettrait l'entrée des tissus anglais que lorsque les nôtres resteraient trop haut, on ferait profiter le pays d'une forte économie. On ne sait pas assez quelle dépense est épargnée au public quand le prix d'un pantalon de drap baisse d'un franc, celui d'une paire de chaussettes ou d'un mètre de calicot de dix centimes. Cela vaut le retranchement de bien des millions au budget; car sur des articles pareils la réduction se multiplie par un coefficient énorme représenté par le nombre de ces objets qui est consommé. Une réduction moyenne d'un franc par pantalon laisse dans la poche des consommateurs une trentaine de millions, peut-être, la moitié de la somme nécessaire pour acquitter l'impôt du sel. 20 centimes de moins pour une chemise produiraient une économie égale probablement à ce qui est requis pour tenir sous les armes un corps de vingt mille hommes.

Quand on examine notre tarif de douanes on voit que presque tous les objets y sont frappés d'un droit : si l'on cherche à se rendre compte en détail des produits de cette branche du revenu public, on reconnaît que les dix-neuf vingtièmes au moins du revenu des douanes proviennent d'une soixantaine d'articles. D'après cela il est naturel de se demander s'il ne serait pas sage, du *point de vue fiscal*, de supprimer les droits qui existent sur les autres. Notre administration douanière en serait bien simplifiée. Les frais de perception en diminueraient dans une proportion énorme.

Pour prononcer sur cette question, il n'y a qu'à suivre article par article le *Tableau du commerce* publié par M. le directeur-général des douanes. Il en ressort que les dix-neuf vingtièmes du revenu des douanes sont produits par un nombre d'articles véritablement limité, et que les articles qui ne rendent qu'un produit insignifiant sont en très-grand nombre. Pendant l'exercice 1841, le total général des droits perçus sur les importations a été de 129,679,125 fr. Sur cette somme, soixante et un articles ont donné 124,043,794 fr., c'est-à-dire 96 pour 100 de l'ensemble. Il y a, au contraire, cent soixante-dix-sept articles qui rapportent chacun moins de 1,000 fr., et qui ne produisent ensemble que 49,430 fr., ou la deux-mille-cinq-centième partie du revenu total des douanes.

Il n'est pas hors de propos d'indiquer les éléments dont se composent ces deux groupes, l'un enrichissant le Trésor, l'autre ne lui fournissant rien.

Liste des articles les plus productifs, avec l'indication de leurs produits.

Articles	Fr.
Chevaux, juments, poulains	885,406
Béliers, brebis, moutons, agneaux	826,883
Bœufs	471,040
Taureaux, génisses, veaux, taurillons	230,951
Vaches	572,377
Porcs et cochons de lait	213,130
Peaux brutes	552,698
Laines	10,209,354
Graisses	1,290,206
Fromages	642,042
Froment (grains et farine)	1,051,554
Riz en grains	474,118
Citrons, oranges et variétés	901,156
Fruits de table secs ou tapés, autres que pistaches	439,197
Fruits et graines oléagineuses	1,344,761
Sucre brut, blanc ou terré, colonial ou étranger	43,626,919
Cacao	881,897
Café	12,588,287
Poivre	823,151
A reporter	78,025,127

Articles	Fr.
Report	78,025,127
Thé	214,102
Tabac	277,731
Gommes	195,911
Sucs d'espèces particulières	215,068
Huiles fixes, Olive	8,349,010
Huiles fixes, palme, coco, graines grasses et autres	202,986
Bois de construction	418,387
Liége	286,084
Feuillard et merrain	130,131
Bois de teinture	308,597
Bois d'ébénisterie	912,760
Chanvre peigné, teillé et étoupes	538,150
Lin peigné, teillé et étoupes, tiges	181,154
Coton en laine	11,957,787
Houblon	535,543
Marbres	336,385
Soufres	260,834
Houilles et coke	3,654,043
A reporter	106,999,790

	Fr.
Report. . .	106,999,790
Fontes.	1,697,971
Fers et tôles.	904,553
Aciers.	702,366
Cuivre pur et laiton, cuivre doré.	294,771
Plomb métallique et minerai.	931,000
Alcalis... Potasses	740,758
Alcalis... Soudes..	168,252
Nitrates. de potasse. . . .	394,738
Nitrates. de soude.. . . .	344,345
Cochenille.	130,416
Indigo..	910,728
Vins de liqueur..	245,775
Eaux-de-vie.	170,489
A reporter. . .	114,635,952

	Fr.
Report. . .	114,635,952
Fils de lin et de chanvre. .	3,066,901
Fils de coton.	571,150
Toiles de lin ou de chanvre, écrue ou blanche, unie ou croisée.	2,693,754
Dentelles de fil.	188,928
Foulards.	523,010
Chapeaux de paille et en fibres de palmier. . . .	394,515
Faux et faucilles.	393,972
Limes et râpes.	358,735
Machines et mécaniques. .	539,794
Horlogerie.	249,586
Mercerie.	427,497
Total.	124,043,794

Liste des articles rendant chacun moins de 1,000 francs.

Ânes et ânesses. — Chevreaux. — Chiens de chasse. — Ruches à miel avec essaims vivants. — Gibier et volailles fraîches. — Extraits de viandes en pain. — Cheveux. — OEufs de vers à soie. — Présure. — Nerfs de bœufs et autres animaux. — Boyaux frais ou salés. — Homards. — Peaux de phoques, brutes. — Perles fines. — Vessies natatoires de poisson. — Castoréum. — Cornes de cerf et de snack. — Râpures de cornes de cerf. — Ambre gris. — Sabots de bétail. — Seigle (graine et farine). — Sarrasin (grains et farine). — Riz en paille. — Pain et biscuit de mer. — Gruaux et fécules. — Semoule. — Salep. — Carrobe ou carouge. — Fruits de table frais exotiques autres que la noix de coco. — Cornichons et concombres. — Olives et picholines. — Câpres. — Fruits de table confits à l'eau-de-vie. — Fruits à distiller. — Mélasse. — Cassia lignea. Gingembre. — Baume de storax. — Glu. — Feuilles d'oranger. — Casse sans apprêt. — Tamarins confits. — Myrobolants confits. — Écorces autres que le quinquina, le citron, l'orange. — Fagots à brûler. — Manches de fouine et de pinceaux. — Perches. — Échalas. — Osier en bottes. — Tiges de Millet. — Bois odorants. — Grains durs à tailler. — Presle. — Écorces de tilleul pour cordages. — Chanvre en tiges brutes. — Végétaux filamenteux non dénommés. — Écorces de lin moulues. — Écorces de sapin à tan. — Écorces de grenade, aune, bourdaine. — Gaude. — Pastel. — Gousses de bablah. — Légumes salés ou confits. — Agaric de mélèze. — Amadouvier brut. — Champignons, morilles, etc. — Truffes. — Chardons cardières. — Plantes alcalines. — Drilles et chiffons. — Tourbes. — Mottes à brûler. — Levure de bière. — Meules à moudre. — Pierres à plâtre. Chaux éteinte. — Tuyaux en terre cuite. — Sable commun pour bâtisse. — Castine. — Pierres à feu. — Bol d'Arménie et terre de Lemnos. — Alana ou tripoli. Craie. — Cailloux à faïence ou porcelaine. — Marne. — Cendres de houille. — Succin. — Bitume pur de Judée. — Goudron provenant de la distillation des houilles. — Cendres d'orfévre. — Limailles de fer. — Mâchefer. — Minerai de cuivre. — Limailles de cuivre. — Cuivre allié d'étain. — Bismuth. — Antimoine sulfuré. — Cobalt (métal, minerai, grillé). — Nickel métallique. — Sable aurifère. — Acide phosphorique. — Acide benzoïque. — Acide borique. — Cendres de bois. — Sel marin. — Sulfate de soude. — Alun calciné. — Sulfate de fer. —

Sulfate de cuivre. — Sulfate de zinc. —Tartrates de soude et de potasse. — Acétate de fer. — Acétate de cuivre. — Carbonate de baryte natif. — Chromates de plomb. — Chromates de potasse. — Oxydes de fer et d'étain. — Oxyde de zinc. Kermès. — Sucs tannins. — Carmin commun. — Encre à dessiner. — Vert de montagne. — Noir à souliers. — Écailles d'ablette. — Eaux de senteur sans alcool. — Vinaigres parfumés. — Pâtes parfumées. — Poudre de senteur. — Pastilles odorantes à brûler. — Moutarde. — Eaux distillées. — Médicaments divers. — Amidon. — Cire. — Praiss (sauce de tabac). — Bougies de blanc de baleine. — Chandelles. — Vinaigres. — Cidre. — Pommes et poires écrasées. — Jus d'orange. —Verres à lunettes, bruts. — Vitrifications en masses. — Croisil ou verre cassé. — Ouvrages en poils autres que les tissus. — Batiste et linon. — Bonneterie de lin ou chanvre. — Tissus épais en lin ou chanvre pour tapis de pied. — Gaze de soie pure. — Crêpe. — Bonneterie de soie. — Dentelles de coton. — Tissus en fibre de palmier. — Chapeaux de feutre. — Feutres à filtrer, semelles, etc. — Papier peint pour tentures. — Almanachs étrangers. — Livres en langue française (mémoires scientifiques). — Livres imprimés en France et réimportés. — Peaux préparées pour ganterie. — Peaux tannées pour semelles. — Parchemin et vélin. — Outres pleines. — Ouvrages en fer-blanc et en cuivre. — Ouvrages en plomb. — Caractères d'imprimerie. —Tabletterie. —Parapluies et parasols. — Fanons de baleine. — Boîtes de bois blanc, — Moules de boutons. — Instruments de chimie et chirurgie. — Habillements supportés. — Monnaies d'or. — Platine. — Monnaies de cuivre pur.

Ne semble-t-il pas dès lors que si le tarif des douanes était réduit à un petit nombre d'articles, il contribuerait tout autant à alimenter les caisses de l'État, et que l'administration serait simplifiée extrêmement?

Le *point de vue fiscal* n'est cependant pas le seul où il faille se placer : à moins de vivre dans le monde des abstractions et des utopies, on ne doit pas répugner à une protection du *travail national* (Je me sers de ce mot, quoiqu'on en ait beaucoup abusé dans ces derniers temps). Indépendamment des articles du tarif qui auraient une portée fiscale, on devrait donc en laisser subsister d'autres; mais le nombre de ceux-ci pourrait, sans inconvénients graves, être restreint.

Du point de vue fiscal, l'union commerciale de la France et de la Belgique eût été une opération très-avantageuse. Je n'ai pas ici à l'examiner dans ses conséquences politiques. Les hommes les plus compétents pensaient que, sous ce rapport, c'était pour notre patrie un coup de fortune. Pour ne parler que de ce qui est commercial et industriel, elle eût excité la concurrence intérieure, et par là eût profité au consommateur. Fiscalement, elle eût diminué les frais de perception, et par la mise en commun du produit des douanes, elle eût donné au

Trésor français un supplément assez considérable de revenu.

Examinons à part maintenant la question des sucres qui est du domaine de la douane.

Les sucres étaient portés sur le budget de 1830 pour 35 millions 90,000 fr. Sur celui de 1843, les sucres exotiques apparaissent pour 43,623,000 fr., et avec le sucre indigène, pour 50,658,000 fr. ; mais une partie de cette recette n'est qu'apparente, parce qu'on restitue les droits sur le sucre qui est réexporté après raffinage. En 1830, le restant net pour le Trésor a été de 22,645,507 fr. Mais ce fut une perception exceptionnellement faible. La moyenne des cinq années 1825-26-27-28-29 avait été de 27,352,683 fr. Celle des cinq années 1837-38-39-40-41 a été, sucre indigène non compris, de 30,080,700 fr. En 1843, on peut compter sur un produit égal, qui, joint à l'impôt sur le sucre indigène, rendrait 37 millions 115,700 fr. Ce serait, relativement à la moyenne des dernières années de la Restauration, un accroissement de 9 millions 763,017 fr.

Il y a lieu de croire que ce revenu est susceptible d'augmentation ; la loi des sucres, qui vient d'être votée par les deux Chambres, aurait dû formuler une transaction qui satisfît à la fois le consommateur et le Trésor, l'industrie indigène et les ports représentants en cela de l'industrie exotique. Elle devait reconnaître et respecter le pacte colonial sans porter atteinte aux intérêts de l'agriculture, au droit sacré de la liberté du travail. Les termes de cette solution conciliante semblaient pourtant possibles à déterminer. Du conflit de tant d'opinions avait dû naître la lumière. Aussi il nous est difficile de penser que la loi nouvelle soit le dernier mot du législateur.

L'idée fondamentale de la transaction consisterait à agrandir le débouché qu'offre le marché national, en poussant à la consommation par la baisse des prix. Cette baisse est possible, elle est même facile, pourvu que les dispositions de la loi n'y mettent pas d'entraves, et qu'au contraire elles encouragent le producteur à perfectionner ses procédés.

Pour donner une idée de l'étendue des limites dans lesquelles la baisse des prix est possible, à l'égard des colonies, par l'amélioration des procédés, il n'y a pas de formule meilleure que celle tracée dans un récent écrit, par M. Degrand, ingénieur expérimenté dans cette fabrication. « Par les procédés actuels, dit-il, on n'extrait de 100 kilog. de cannes que 50 kilog. de vesou, et ce vesou ne rend que 5 kilog. de sucre *brut*, dont la valeur actuelle, en France, à l'acquitté, est de 6 fr. Cependant, d'après l'analyse de M. Péligot, 100 kilog. de cannes de la Martinique se composent de 18 kilog. de sucre *pur*, 10 kilog. de ligneux et 72 kilog. d'eau. La valeur actuelle, en France, de 18 kilog. de sucre pur, à l'acquitté, est de 28 fr. Telle est donc l'imperfection des anciens procédés, qu'ils ne produisent qu'une valeur de 6 fr., là où la science indique qu'il existe une valeur de 28 fr. !....

« Il est évident qu'aucun travail manufacturier ne pourra jamais donner 18 kilog. de sucre pur par 100 kilog. de cannes, puisque c'est la limite que la science assigne à l'industrie ; mais entre cette limite et le produit actuel de 5 kilog. de sucre brut, la différence est si grande, qu'il est également évident que la fabrication du sucre dans les contrées intertropicales est encore dans l'enfance. »

En ce moment les colonies réclament 46 fr. par 100 kilog. comme prix rémunérateur. Il est vrai qu'elles estiment n'en recevoir présentement que 34 ; mais il paraît qu'on trouve à Porto-Rico des sucres à 23 fr., au Brésil à meilleur compte encore, et à Siam, en Cochinchine et à Manille à plus bas prix qu'au Brésil, quoique partout dans ces divers pays le travail soit extrêmement grossier.

Voilà pour la canne. Quant à la betterave, tout porte à penser que les habiles manufacturiers qui l'élaborent tarderont peu à jouir d'une grande amélioration dans la qualité de leurs produits, si la loi nouvelle ne les force pas à fermer leurs établissements. Ils sont en droit d'espérer pour une époque prochaine le raffinage immédiat, malgré les substances étrangères qui sont mélangées au sucre dans le jus de la betterave, en cela beaucoup moins avantageusement douée que la canne. L'un d'eux, M. Boucher, a déjà obtenu, du premier jet, du sucre en pains, et a remporté le prix proposé à cet effet par la Société d'Encouragement. Cette découverte n'est pas encore à son dernier terme, car elle ne donne pas toujours des produits marchands ; mais il y a lieu de croire qu'elle y parviendra. Ce sera une puissante cause de baisse. Comme, au reste, tous les perfectionnements de l'industrie indigène, elle est de nature à profiter à l'industrie coloniale plus encore qu'à la betterave.

Pour la baisse des prix, le passé répond de l'avenir. Il y a quinze ans, en 1827, le sucre raffiné valait 2 fr. 53 c. le kilog. Il est à 1 fr. 60 c. Aussi M. Degrand fait-il remarquer que, dans cet intervalle de quinze ans, la consommation française est passée de 53 [1] millions de kilog. de sucre brut à 118. On se rappelle que la betterave perdait, sous l'Empire, quand le sucre se vendait sur le pied de 10 fr. le kilog.

Afin d'agrandir le débouché, les fabricants indigènes et coloniaux doivent s'efforcer de produire du premier jet des sucres qui puissent immédiatement entrer dans la consommation, sans subir l'opération du raffinage, dont les frais avec quelques accessoires équivalent à 20 fr. par 100 kilog. Les familles peu aisées achèteront du sucre de premier jet, aussitôt qu'il sera suffisamment pur et exempt de coloration. Les raffineries ne chômeraient pas pour cela ; elles travailleraient pour les gens qui sont dans l'aisance, les seuls à peu près qui consomment du sucre aujourd'hui en grande quantité. La nature des choses ne s'oppose pas à ce que l'industrie retire immédiatement de beau sucre de la canne et même de la betterave. La mélasse et les impuretés dont le sucre brut est mêlé résultent de ce que le travail est mauvais, particulièrement pour la canne ; car dans celle-ci, bien plus que dans la betterave, le sucre est naturellement à l'état pur. Toute amélioration des procédés donnera en même temps plus de sucre et du sucre plus beau. Chose rare, la qualité accompagne ici la quantité ! Malheureusement, par l'effet d'une réminiscence des anciens us, sous prétexte de favoriser la navigation, qu'on dessert au contraire, et par un ménagement excessif pour la raffinerie, qui cependant serait peu compromise, et qui, au surplus, ne doit pas prévaloir contre la puissance des progrès industriels, on rédige, depuis la révolution, nos lois sur les sucres, de manière à empêcher les colonies de produire de beaux sucres, et on les condamne à ne produire que du *brut brun*. Le même système a été ensuite étendu à la betterave [2].

[1] Il est bon de dire que 1827 présente un chiffre moindre que les années précédentes. La moyenne des trois années 1825-26-27 est de 55 millions.

[2] Avant la révolution française les colonies produisaient du sucre terré moyennant une surtaxe de 3 fr. seulement par quintal. D'après un Mémoire du conseil des délégués des colonies, Saint-Domingue, en 1788, exporta 70,227,000 livres de sucre blanc, estimées à 28 millions de francs, contre 93,177,000 livres de sucre brut, ayant une valeur de 21 millions.

Contre cette violence faite au travail, contre cet esprit retardataire de la législation sucrière, de hautes réclamations se sont fait entendre cette année. La Société d'Encouragement, la Société centrale d'Agriculture, se sont nettement prononcées. Parmi les hommes notables de la science et de l'industrie il n'y a qu'une voix pour que les surtaxes de qualité soient abolies ou à peu près. Ces surtaxes, pour être soutenables, auraient dû être proportionnelles à la quantité de sucre réel cristallisé contenue dans chacune des qualités. Elles sont dix fois plus fortes. Dans ses *Observations aux Chambres*, la Société d'Encouragement, choisissant les sucres de Bourbon pour exemple, établit que le sucre *brut blanc* contient 5 pour 100 seulement de sucre pur en sus de ce qui se trouve dans le sucre *brut brun*, et que la richesse du sucre *terré* en sucre pur ne dépasse de même celle du sucre brut blanc que de 2 pour 100. Cependant le sucre brut brun étant imposé à 38 fr. 50 (sans le décime), le sucre brut blanc l'est à 46 fr., et le sucre terré à 60 fr. De la sorte les colons ont intérêt à fabriquer du sucre de qualité inférieure. La conséquence de ces dispositions inhabiles a été que, au grand détriment du consommateur, les colonies se sont résignées à ne produire que du sucre brut brun. En 1841 elles n'ont expédié à la métropole que 180,112 kilog. de sucre brut blanc ou terré contre 74,334,391 kilog. de sucre brut brun. C'est 1 contre 400. Sous l'ancien régime c'était 1 contre 1 1|3.

Jusques et y compris le raffinage, les colonies devraient avoir le droit d'élaborer et d'améliorer leur sucre autant qu'elles le voudraient, sans aggravation de taxe. Ce serait dans l'intérêt même de la navigation, car elles en extrairaient beaucoup plus. Leur production doublerait, la culture des cannes restant la même. Le Trésor y gagnerait pareillement, même dans l'hypothèse d'une réduction de droit, ainsi qu'on va le voir. La même immunité devrait être accordée à la betterave. Les Chambres, à l'instigation de la commission de la Chambre des députés, ont fait un pas dans cette voie en réduisant, par la loi nouvelle, le nombre des types autres que *brut brun* à deux, surimposés chacun de 3 fr., tant pour le sucre colonial que pour le sucre indigène. Mais elles ont refusé aux colonies le raffinage. C'est à tort. On devra bientôt autoriser le raffinage dans les colonies et réduire les surtaxes à peu près à néant; mais il faudra aussi réduire le droit sur le sucre, et en voici la raison :

Jusqu'à ce jour, le droit sur le sucre colonial n'avait rien d'excessif. En bonne administration financière, le sucre est une matière éminemment imposable. Le droit dont il était frappé était égal au prix de revient du sucre pris aux colonies, 49 fr. 50 c. contre 46 fr. Si par la diminution des frais d'extraction et par la suppression du raffinage sur les sucres destinés à une classe nombreuse de consommateurs, le sucre marchand ne valait plus aux colonies que 20 ou 25 fr. par 100 kilog., le droit de 49 fr. 50 c. serait excessif. Il y a un rapport entre la valeur naturelle des choses et le droit qu'elles peuvent porter. Quand le producteur parvient à réduire ses frais et provoque ainsi une plus grande consommation, il est de bonne économie publique de favoriser ce mouvement par un abaissement des droits. Si le producteur des colonies arrive à ce résultat que, sans perte pour lui-même, il puisse livrer à l'armateur un sucre plus beau que par le passé et tout prêt pour la consommation, à 20 cent. de moins par kilog., en supprimant pour une partie des consommateurs les frais du raffinage évalués à pareille somme, le Trésor fera une bonne opération en se relâchant d'autant, car la baisse étant alors de 60 cent. par kilog., la consommation s'élargira beaucoup, et sur le supplément de matière imposable, le Trésor retrouverait et au delà ce qu'il aurait sacrifié.

En fait, si le sucre bon à être consommé sans raffinage tombait ainsi à 80 ou 90 cent. par kilog., on ne s'abuse pas en espérant que le marché français en absorberait, dans quinze ans, 300 millions de kilog. Si de 1827 à 1842 une réduction de 37 pour 100 dans le prix du sucre marchand a augmenté la consommation dans le rapport de 100 à 222, il serait plausible que de 1842 à 1857 une réduction de 47 pour 100 l'accrût dans le rapport de 100 à 282. Si alors on supposait que le droit fût de 27 fr. 50 c., taxe actuelle du sucre brut brun de betterave, la surtaxe sur le sucre étranger étant de 11 fr., le calcul suivant donne une idée des recettes dont le Trésor pourrait bénéficier :

150 millions de sucre colonial, à 27 fr. 50 c.. . .	41,250,000 fr.
50 millions de sucre étranger, à 38 fr. 50 c.. . .	19,250,000
100 millions de sucre indigène, à 27 fr. 50 c.. . .	27,500,000
Total.	88,000,000 fr.

C'est-à-dire que le profit du fisc serait plus que doublé, et relativement à la perception effective de 1830, il serait quadruplé ; mais le Trésor ne devrait réduire ses droits qu'à bon escient, au fur et à mesure des progrès de l'industrie, et après que ces progrès auraient été effectués [1].

Ce n'est pas sans intention que nous avons adopté ici le chiffre de 100 millions sur 300, pour représenter le contingent à fournir par la betterave. Plusieurs personnes ont recommandé de cantonner cette industrie, non pas dans les limites d'un chiffre absolu de production, mais, ce qui est bien différent, dans une enceinte plus élastique, plus aisée à étendre, en lui assignant une part proportionnelle dans l'approvisionnement national. Le pacte colonial ne peut être un vain mot. L'équité exige de deux choses l'une, ou que l'on permette aux colonies de trafiquer avec l'étranger et d'envoyer leurs sucres partout où il leur plaira, et, par conséquent, de recevoir les produits d'autrui, ou qu'on leur garantisse un débouché sur le marché français. En retour du monopole que la France s'est assuré vis-à-vis d'elles, elle leur doit un privilége. Restreindre la betterave au tiers de la consommation française, c'est lui donner ce qu'elle a eu pendant les dernières années. Le privilége des colonies serait tempéré par l'admission, moyennant surtaxe, du sucre étranger ; il le serait par la latitude qu'on pourrait laisser à la betterave de produire davantage, moyennant une élévation de droit qui subsisterait jusqu'au moment où l'on jugerait à propos de rabaisser les droits sur les deux sucres à 27 fr. 50 c., et qui même, s'il était nécessaire pour la retenir, ce que je ne crois point, pourrait être maintenue en tout état de choses. C'est-à-dire que le droit sur le sucre indigène s'élèverait de 5 fr., par exemple, si la proportion du tiers était dépassée, et de 10 fr. si celle de moitié était atteinte. Dans l'intérêt, non de leurs colonies, puisqu'ils n'en ont pas, mais de leur Trésor, les États germaniques du *Zollverein* ont adopté un système semblable [2]. La commission de la Chambre

[1] Le système reproduit ici a trouvé, à la Chambre des pairs, un habile défenseur dans la personne de M. Beugnot.

[2] Le 8 mai 1841, les commissaires réunis à Berlin ont fixé le droit sur le su-

des députés s'était arrêtée à la même pensée, avec cette différence cependant qu'elle assignait à la betterave, non une proportion relative de l'approvisionnement national, mais une proportion absolue représentée par le chiffre fixe de 30 millions de kilog., au delà duquel, pour chaque accroissement de 5 millions, la betterave eût été passible d'un droit supplémentaire de 5 fr. 50 c.

En résumé, les termes de la solution de la question des sucres, de l'adoption de laquelle il ne faut pas absolument désespérer encore, seraient ceux-ci :

On donnerait aux deux industries une plus grande liberté de travail, ce qui leur permettrait d'améliorer leurs procédés. A cet effet on supprimerait les surtaxes de qualité dont leurs produits sont grevés et qui constituent d'insurmontables obstacles au perfectionnement. Les colonies auraient la permission de raffiner.

L'amélioration des procédés serait suivie d'une baisse des prix. Dès lors la consommation s'étendrait, ainsi que l'atteste l'expérience des dernières années. On faciliterait ce mouvement descendant des prix et la hausse correspondante de la consommation par une réduction graduelle du droit sur le sucre colonial, réduction qui suivrait chacun des progrès de l'industrie, sans les précéder jamais, de manière à ménager les intérêts du Trésor. De la sorte il serait possible de considérer comme devant devenir le droit définitif, identique pour les deux industries, celui qui frappe aujourd'hui le sucre indigène ; quoique provisoirement les droits dussent être inégaux et plus élevés.

On rationnerait les deux industries en leur assignant la part proportionnelle de l'approvisionnement national à laquelle chacune aurait à subvenir. Elles se regarderaient l'une et l'autre comme sauvées si on leur garantissait le débouché qu'elles ont possédé l'une et l'autre en 1841 et 1842. Dans ce but on limiterait la

cre indigène ainsi qu'il suit : 1° du 1er septembre 1841 au 1er septembre 1842, 2 fr. 50 c. par 100 kilog. ; 2° du 1er septembre 1842 au 1er septembre 1844, les droits doivent rester les mêmes, sous la condition que, de l'addition des quantités de sucre de betterave et de sucre étranger qui auront acquitté les droits durant l'année précédente, il résulte que le sucre indigène entre dans la consommation pour moins du cinquième. Dans le cas où cette proportion serait atteinte, le sucre indigène payerait un droit de 5 fr. par 100 kilog. Si la part du sucre de betterave dans l'approvisionnement public dépassait 25 pour 100, le droit serait de 7 fr. 50 c. par 100 kilog.

A l'expiration de trois années, de nouveaux droits seront arrêtés.

capacité productive de la betterave au tiers de la consommation du royaume, en stipulant que, si elle dépassait cette proportion, elle supporterait, dans tous les cas, un accroissement d'impôt [1].

V. CONTRIBUTIONS INDIRECTES.

Les contributions indirectes, avec leurs annexes des poudres et des tabacs, figuraient au budget de 1830 pour 213,185,000 f.; elles sont portées sur celui de 1843 pour 252,481,000 fr. Cet accroissement de 39,296,000 fr. est la balance d'un compte de profits et de pertes, considérables les uns et les autres.

L'aisance ayant augmenté et la perception étant devenue plus parfaite, la quantité de vin qui profite au Trésor est plus grande. On consomme plus de sel et de poudre, beaucoup plus de tabac; le droit de garantie des matières d'or et d'argent est plus productif. On voyage davantage. Moins déserts, les canaux sont moins stériles pour le fisc. L'impôt sur le sucre indigène a été établi. De là ressort une augmentation totale de 71,594,000 fr., dont voici le détail :

Boissons [2]	18,662,000 f.
Sels (extraction à l'intérieur) [3]	1,960,000
Garantie des matières d'or et d'argent [4]	680,000
Dixième du produit des octrois	1,164,000
Produit des expéditions timbrées	513,000
Recettes de diverse nature	463,000
Résultat espéré de nouvelles dispositions sur les boissons [5]	1,000,000
A reporter	24,442,000 f.

[1] En indiquant tout à l'heure 27 fr. 50 c. comme la taxe définitivement commune aux deux sucres dans le calcul qui précède, sauf le cas bien peu probable où une production excessive de l'industrie indigène appellerait sur elle une surtaxe, nous avons voulu aider à l'intelligence du discours par un exemple, plutôt que nous n'avons eu la prétention de signaler un chiffre précis, quoique celui de 27 fr. 50 c. se recommande à plusieurs titres.

[2] C'est le montant de l'impôt sur la quantité de vin qui est consommée en sus de ce qui était bu en 1830; l'affaiblissement éprouvé par l'impôt sur ce qui était consommé alors, par suite d'une réduction du droit, sera mis tout à l'heure en ligne de compte.

[3] Le sel extrait des marais salants est sous la surveillance de l'administration des douanes.

[4] Ce droit rendait, en 1830, 1,438,000 fr. Aujourd'hui il produit 2,118,000 fr. soit 47 pour 100 de plus. C'est un signe du progrès de l'aisance, et même du luxe.

[5] La loi des recettes de 1842 contient des dispositions propres à entraver la

Report.	24,442,000 f.
Voitures publiques [1].	3,574,000
Droits de navigation sur les canaux [2].	2,711,000
Sucre indigène.	7,035,000
Tabacs [3].	32,011,000
Poudre [4].	1,214,000
Insertions nouvelles au budget [5].	607,000
TOTAL.	71,594,000 f.

Mais à côté de cette augmentation il y a le dommage porté au Trésor par la loi de décembre 1830, qui a réduit les droits sur la vente des boissons en détail. La perte, si l'on fait le calcul sur les quantités d'après lesquelles ont été établies les évaluations de 1830, s'élève à 31,930,000 fr.; mais la consommation s'étant accrue pendant les onze dernières années, le sacrifice

fraude, et oblige les propriétaires récoltants qui vendent en détail à acquitter les mêmes droits que les débitants.

[1] La loi du 28 juin 1833 a astreint à l'impôt du dixième du prix des places les voitures publiques partant d'occasion et à volonté. En 1837, l'impôt a été étendu aux voitures en service accidentel. Les voitures des chemins de fer payent l'impôt du dixième sur la seule portion de leurs recettes qui représente les frais de traction; c'est à peu près 3 et demi ou 4 pour 100 du prix des places. Enfin, le goût des voyages s'est étendu au fur et à mesure de la construction ou de l'amélioration des routes. En 1830, les voitures publiques rendaient 5,490,000 fr. En 1843, le budget en porte le produit à 9,064,000 fr. Cet impôt doit se développer beaucoup encore.

[2] Au budget de 1830, cet article était porté pour 4,085,000 fr., il l'est maintenant pour 6,796,000 fr. L'administration estime que l'extension des affaires commerciales entre dans l'accroissement :

A l'égard des rivières navigables, pour.	400,000 f.
— canaux ouverts avec taxe en 1830.	2,000,000
Le produit des canaux nouveaux est de.	1,300,000
TOTAL.	3,700,000
D'où il faut déduire, à cause de l'abaissement des tarifs sur les rivières.	1,000,000
Il reste ainsi environ.	2,700,000 f.

[3] Sur cette somme, 1,600,000 fr. doivent être attribués à ce que les remises aux débitants ont été réduites, et 4,270,000 fr. à la mise en vente des cigares de la Havane et de Manille. La somme imputable à l'accroissement direct de la consommation des articles qu'on vendait autrefois est de 26,141,000 fr.

[4] Depuis 1830 on a successivement élevé le prix de la poudre. L'accroissement provient principalement de la vente des poudres de mine, qui a augmenté de 170 pour 100, à cause des travaux publics.

[5] Le produit brut des amendes et confiscations a été inscrit au budget depuis 1837, au lieu du produit net.

du Trésor est en réalité beaucoup plus grand. La modification qui a eu lieu alors dans nos lois sur les boissons a consisté principalement à abaisser d'un tiers le droit de détail [1] perçu chez les débitants de vin. Il était de 15 pour 100 de la valeur, on l'a mis à 10. Les hommes les plus habiles en finances s'accordent à dire que cette modification de nos lois n'a point profité au consommateur. Le producteur de vins s'en est infiniment peu ressenti lui-même ; elle a tourné presque en totalité au profit du débitant : aussi l'a-t-on qualifiée de *liste civile des cabaretiers*. Après les événements de 1840, lorsque la France a dû s'imposer des charges nouvelles, on n'a pas jugé à propos de revenir sur ce dégrèvement intempestif et inefficace.

Deux autres réductions insignifiantes dans les impôts indirects, montant ensemble à 368,000 fr., dont la principale provient de ce que les bacs qui payent un droit à l'Etat ont été sur beaucoup de points remplacés par des ponts, portent la somme à déduire du total ci-dessus, de 71,594,000 f., à 32,298,000 f.

Beaucoup d'efforts ont été faits par l'administration depuis 1830 pour perfectionner la perception des droits sur les boissons sans molester le contribuable. Les quantités atteintes par l'impôt se sont accrues dans les proportions suivantes :

Vins, plus de 43 pour 100.
Cidre, rien.
Alcool, environ 57 pour 100.
Bière, près de 42 pour 100.

Pendant ce temps, l'accroissement de la population n'a été que de 7 pour 100.

Cependant, une immense quantité de vin échappe à l'impôt, surtout à la faveur de l'immunité accordée aux propriétaires de consommer en franchise non-seulement sur le lieu de produc-

[1] Le vin supporte trois droits: 1° le droit de circulation, très-modique, estimé, y compris d'autres boissons, à 9,816,000 fr. en 1830, et à 8,855,000 fr. en 1843; 2° le droit d'entrée, atteignant la consommation des villes, évalué à 12 millions 650,000 fr. en 1830, et à la somme beaucoup plus forte de 20,394,000 fr. en 1843, parce que maintenant il se confond, à l'entrée de beaucoup de villes, avec le droit de détail, une taxe unique étant imposée au profit de l'État aux barrières de ces villes; 3° le droit de détail, existant à l'égard des débitants seuls. Il était porté en 1830 à 63,030,000 fr., en 1843 à 44,007,000 fr. L'eau-de-vie supporte un droit particulier dit de consommation, qui est le même chez les débitants et ailleurs. La bière supporte un droit de fabrication.

tion, mais dans un rayon assez étendu. On calcule que la production des vins étant de 42 millions d'hectolitres, l'impôt n'en atteint, à l'état vineux, que 16 millions[1]. La classe des propriétaires vinicoles exemptés de droits va toujours croissant, et il faut convenir que c'est une propriété qui se prête bien à la division.

Le système de perception actuel étant donné, ce service ne paraît guère susceptible d'amélioration. Pour obtenir un plus gros revenu des taxes indirectes il ne faudrait rien moins que changer de système.

L'innovation ne devrait pas consister à réduire les droits, ceux du moins qui sont perçus au profit de l'Etat. Les octrois étant laissés à part, les vins sont médiocrement imposés en France. Le plus élevé de tous les droits, celui de détail, qui représente à peu près dans la colonne du budget la moitié de tous les droits établis en faveur de l'Etat sur les boissons de toute espèce (44,607,000 fr., sur 94,430,000 fr.), n'est, répétons-le, que de 10 pour 100 de la valeur vénale. Les préjugés qui ont été accrédités à une certaine époque contre les droits-réunis et les contributions indirectes sont donc injustes, en tant qu'on s'attaque à la quotité de l'impôt. Un seul droit sur les boissons est élevé, c'est celui d'octroi que certaines villes s'imposent. Le mode de perception du droit de détail, c'est-à-dire l'exercice à domicile chez les débitants, parmi lesquels il en est beaucoup qui sont d'un naturel indiscipliné, et qui regardent la fraude comme un des droits de l'homme, se pratique aujourd'hui avec ménagement.

Mais notre système d'impôts indirects est répréhensible en ce qu'il est d'une grande inégalité. « On est frappé, dit

[1] Voici comment l'administration des contributions indirectes entend qu'en 1840 s'est répartie la récolte totale :

1° Déchets chez les récoltants, en cours de transport et chez les négociants	5,900,000 hectol.
2° Consommation des propriétaires récoltants	9,000,000
3° Fabrication du vinaigre	500,000
4° Fabrication de l'alcool	6,400,000
5° Exportation	1,200,000
6° Quantité atteinte par l'impôt	15,700,000
7° Différence attribuée à la fraude	3,300,000
TOTAL égal à la récolte	42,000,000 hectol.

« M. d'Audiffret (*Système financier de la France,* tome Ier,
« page 61), de la complication et de la divergence de ces com-
« binaisons qui atteignent la même matière imposable par des
« taxes aussi différentes, et qui mesurent aveuglément les fa-
« cultés des contribuables sur la base mobile et trompeuse de
« la population locale. Ce régime exceptionnel, aussi injuste
« qu'imprudent, élève les charges spéciales inhérentes à l'ha-
« bitation des villes, par des doubles droits et par une sur-
« taxe qui aggravent les impôts du Trésor sur les marchés les
« plus favorables à l'écoulement des produits et à la vente des
« denrées. »

Aussi, sous la Restauration, l'administration des finances, après un examen approfondi auquel avaient participé des hommes éminents par leurs lumières, des administrateurs pleins d'expérience, avait formé la résolution d'abandonner le système qui est encore en vigueur. Les considérants par lesquels cette résolution se motivait étaient : Qu'il offre trop de chances à la fraude, qu'il consacre de trop grandes inégalités de répartition, et qu'il est de nature à restreindre la consommation en arrêtant les vins par plusieurs taxes à la fois, à la porte des lieux où la population est le plus agglomérée et le plus avide de jouissances. On se proposait, en procédant avec tous les ménagements conseillés par la prudence, et non sans de généreuses compensations pour les caisses municipales, de supprimer tous les droits perçus à l'entrée des villes, tant au profit du Trésor que pour le compte des communes, et de les remplacer par une taxe unique et générale de consommation basée sur la valeur vénale des boissons, et perçue comme l'est aujourd'hui le droit de circulation. Quant au droit de détail qui se perçoit chez le débitant par les mains même de celui-ci, il eût été maintenu, par cette raison approuvée de la saine morale, ce me semble, que la consommation du cabaret a peu de titres à être ménagée [1].

De la sorte il n'y aurait eu d'exemption pour le propriétaire

[1] Il n'est pas sans inconvénient, disait, dans un rapport au roi, le ministre des finances, M. de Chabrol, pour les mœurs, pour l'ordre public, pour le bien-être du peuple, d'encourager ces réunions à l'extérieur des villes où l'affluence appelle l'intempérance et la débauche, et qui ne sont pas moins funestes pour la classe ouvrière par la perte de temps qu'elles lui font éprouver que par des dépenses trop souvent contraires aux intérêts de famille.

que sur le lieu de production. Dès lors le petit cultivateur à peu près seul eût profité de l'exemption : à cela, M. de Chabrol ne voyait rien que la cessation d'un état de choses qui est contraire à la justice distributive et qui consacre tantôt un privilége, tantôt un allégement de charges au profit des consommateurs les plus aisés.

Pour employer les expressions très-claires de M. d'Audiffret, le tarif, réduit à deux articles, n'eût plus établi qu'une seule différence entre les consommateurs, selon qu'ils eussent consommé dans le cabaret ou en famille, tandis qu'aujourd'hui le droit varie de département à département, de cité à cité, de la ville à la campagne.

« Ce système, dit encore M. d'Audiffret, était le plus fécond « pour l'Etat, et le plus léger de tous pour les nombreux tri- « butaires, qui l'eussent confondu avec le prix des boissons; « il ne pouvait exercer aucune influence défavorable sur les « bénéfices de la culture, ni même sur ceux du commerce, « puisque le cabaretier en était le premier receveur, et qu'il ne « le versait au Trésor qu'après la réalisation de ses profits, « toujours sûrs. C'était aussi par un profond sentiment d'équité « que toutes les autres consommations, à l'exception de celles « des propriétaires sur les lieux de récolte, auraient été assu- « jetties à une taxe égale et judicieusement calculée sur les deux « tiers du taux moyen de la vente en détail pendant les cinq « dernières années. En résumé, la taxe payée sur la valeur « vénale de la consommation dans les débits publics eût été de « 15 pour 100, et seulement de 10 pour 100 sous le toit do- « mestique [1]. »

Cette pensée est sage et toujours opportune. M. d'Audiffret n'a cessé de la soutenir dans d'excellents écrits, et il est impossible que la haute administration n'en ait pas fait l'objet de ses réflexions. Il y a lieu de croire que, mise en pratique, elle apporterait beaucoup de soulagement à l'industrie vinicole dont les produits sont présentement avilis, car elle étendrait la consommation dans les villes, c'est-à-dire là où elle a le plus de tendance à se développer. Elle est conforme à l'équité; elle se

[1] Aujourd'hui, en prenant pour point de départ le droit de détail actuel, ce serait de 10 pour 100 dans les débits publics, et de 6 2/3 pour 100 sous le toit domestique; même en conservant ces bases, on obtiendrait de très-bons résultats.

recommande par un grand caractère d'unité ; si elle n'a pas été introduite dans la pratique déjà, ce sont des motifs politiques des considérations secondaires, qui lui ont barré le passage.

Quoique l'octroi soit étranger au sujet que nous traitons dans cette notice, puisque ce n'est pas un taxe de l'Etat, il est impossible de n'en pas dire un mot ici, à cause de sa connexion avec les contributions indirectes et avec la question vinicole dont tout le monde est préoccupé en ce moment.

L'octroi a été vivement critiqué en principe : on l'a comparé, et ce n'est pas sans raison, aux droits qui frappaient les marchandises, sous l'ancien régime, à leur passage d'une province à l'autre. C'est une douane intestine. Les théoriciens n'ont pas été les seuls à la combattre; M. d'Audiffret, qui certes est un financier pratique, s'exprime sur le compte de l'octroi en termes peu amicaux, et nous avons vu que les administrateurs les plus capables de la Restauration en étaient arrivés au point d'en décider la suppression en principe, à l'égard des vins. Battu sur ce point, il se maintiendrait difficilement ailleurs, parce que c'est son fort. Le produit total étant de 78 millions, les boissons seules en rendent 26. Le reste des droits ne justifierait pas les droits élevés de perception que l'octroi occasionne. On le remplacerait à l'égard des vins par une restitution que l'Etat ferait aux villes sur l'impôt qu'il aurait prélevé lui-même, et pour les autres articles par un impôt direct qui devrait être combiné de manière à atteindre les personnes plutôt que la propriété [1]. L'Angleterre ne connaît pas les octrois, et les villes n'y sont pas plus mal tenues pour cela.

Mais il faut en convenir, dans le temps où nous sommes, un pareil remaniement des impôts rencontrerait des obstacles que le gouvernement pourrait ne pas se soucier de heurter de front. Il y a telle opération, très-équitable et avantageuse d'ailleurs, dont, dans certaines conditions, on doit s'abstenir par prudence. C'est donc seulement à l'égard des boissons que je mentionnerai ici comme immédiatement praticable la suppression

[1] Telle serait une taxe sur le loyer, taxe mobilière à la charge du locataire. Évidemment il ne serait pas difficile de retrouver ainsi sur la population urbaine, qui est la plus riche de toutes, la somme relativement modique de 52 millions que fournit l'octroi, les boissons à part, ou pour mieux dire celle de 30 millions qui représente le produit net de l'octroi, déduction faite de ce qui qui correspond aux boissons et de ce que prélève l'Etat.

de l'octroi ; et ce n'est pas sans un sentiment de réserve que je me permets de la recommander.

En établissant ou en approuvant les tarifs des octrois, les autorités municipales et même l'autorité supérieure ne se sont pas assez souvenues qu'en matière d'impôt deux et deux ne font pas quatre. La loi (du 28 avril 1816) avait statué que les droits d'octroi sur les boissons ne pourraient excéder les droits perçus à l'entrée de chaque ville au profit du Trésor. Malheureusement, un paragraphe du même article ouvrit la porte aux exceptions en disant qu'il ne *pourrait être dérogé à cette règle que par une ordonnance du roi.* C'était reconnaître qu'on pouvait y déroger, et voici ce qui est advenu : sur 1,431 communes sujettes à l'octroi, 1,070 imposent les boissons, et sur celles-ci il y en avait, en 1841, 615 où l'octroi était égal au droit d'entrée revenant au Trésor, et 455 [1] qui, en outre des droits d'octroi permis par la loi, grevaient les boissons d'une surtaxe double, quadruple, sextuple du droit d'entrée ; à Bergues, par exemple, le droit d'entrée étant de 1 fr. 20 c. par hectolitre, la surtaxe est de 8 fr. 80 c., ou de 730 pour 100 du droit d'entrée [2].

[1] Le nombre des surtaxes, qui était en 1842 de 455, n'est plus que de 449, parmi lesquelles il y en a 48 de dix ans et au-dessous, 3 de dix à vingt ans, et 398 d'illimitées, qui, d'après l'article 10 de la loi de finances de 1842, doivent être abolies en 1852. Si l'on considère quels sont les départements où les surtaxes sont le plus nombreuses, on trouvera que c'est le nord et l'ouest qui en ont obtenu le plus.

Sur 144 communes où les boissons sont imposées, le département du Finistère n a 140 où les boissons sont surtaxées.

Sur 22, les Côtes-du-Nord en ont 17.

Sur 45, le Nord 34.

Sur 31, le Morbihan 14.

Sur 25, les Basses-Pyrénées 11.

[2] J'emprunte à M. de La Grange le tableau ci-joint des villes où le vin est le plus surimposé.

Désignation des villes.	Entrée.	Octroi.	Total.	Surtaxe.
Saint-Amand (Nord)	1 f. 80	10 f. »	11 f. 80	8 f. 20
Bergues (Nord)	1 20	10 »	11 20	8 80
Bailleul (Nord)	1 80	9 »	10 80	7 20
Turcoing (Nord)	1 80	9 »	10 80	7 20
Varennes (Nord)	1 20	8 »	9 20	6 80
Hazebrouck (Nord)	1 20	7 50	8 70	6 30
Douai (Nord)	3 »	9 »	12 »	6 »
Valognes (Manche)	1 80	6 75	8 55	4 95
Condé (Nord)	1 80	6 »	7 80	4 20

Les surtaxes s'élevaient, en 1841, à 10,301,509 fr. 90 c.[1] La somme obtenue par les villes autres que Paris à l'aide de ces surtaxes est vraiment misérable. Il résulte des calculs présentés par M. de La Grange, qu'en comptant toutes les liqueurs, vins, cidres et alcools, elle n'est que de 2,311,867 fr. 28 c. Sur les vins seuls, elle est de 1,534,345 fr. 13 c. Pourtant elle porte un grand préjudice au producteur, car elle agit à la façon d'une prohibition douanière. On trouverait difficilement un exemple de combinaisons fiscales plus mal conçues. C'est pour se procurer une somme collective de 243,667 fr. que les villes du département du Nord interdisent à leurs habitants une boisson salutaire, nationale[2]. Qu'on vienne dire après cela que le siècle est bon calculateur!

A Paris, au moins, la surtaxe donne un produit qui paraît la justifier : elle rend 8 millions. Ne soyons cependant pas trop prompts à accueillir cette circonstance atténuante; allons au fond des choses. La consommation des vins s'est de beaucoup réduite dans Paris sous l'influence de droits exagérés. De 1808 à 1841, la population parisienne s'est accrue de 50 pour cent. Eh bien! la consommation des vins, au lieu de croître dans la même proportion, a décrû d'autant. De 1806 à 1811, la consommation parisienne était de 160 litres par tête; de 1830 à 1835, elle n'a été que de 103. En 1840, elle était tombée à 95.

Pour être dans la vérité, il convient de dire que cette diminution dans la consommation n'est qu'apparente pour une part. Il y a lieu de croire que le Parisien boit presque autant d'un liquide qui lui est vendu sous le nom de vin qu'il en consommait il y a trente-cinq ou quarante ans. Les débits de la barrière se

[1] Cette somme provenait :

	Paris.	Départements.
	—	—
des vins, pour.	7,397,437 f. 07	1,534,345 f. 13
des cidres, pour.	51,109 39	209,901 73
de l'alcool, pour.	541,096 16	567,620 42
	7,989,642 f. 62	2,311,867 f. 28
TOTAL GÉNÉRAL.	10,301,509 f. 90	

[2] Le département du Nord est un de ceux qui pourraient avoir du bon vin au plus bas prix, parce qu'il est baigné par la mer et que des canaux en bon état en relient l'intérieur au port de Dunkerque.

sont multipliés; hors de la barrière se sont élevés des villages, des villes de cabarets, où l'on ingurgite du vin en franchise de droits. Telle ville, dans l'antiquité, s'honorait d'avoir été fondée par un héros ou même par un dieu : Belleville, les populeuses Batignolles, ont pour fondateur le fisc municipal. Dans l'enceinte même de la capitale, à la faveur de la hausse successive des droits, une industrie déplorable s'est développée, au détriment de l'hygiène publique. Je veux parler de la falsification des vins. On fabrique aujourd'hui, dans Paris, une grande quantité de vins par divers procédés dont les plus innocents consistent à couper de petits vins plats d'Orléans avec des vins chauds du Midi. Le négociant sincère qui voudrait désaltérer ses pratiques avec du vin de Bourgogne ou de Bordeaux, ne peut tenir tête au spéculateur moins scrupuleux qui mélange du Surênes avec le crû ardent du bas Languedoc, et celui-ci est vaincu par le concurrent plus effronté qui manufacture ses liquides avec du trois-six, de l'eau et un peu de vin fort en couleur ou d'autres matières colorantes venues des parages de Campêche. Cette industrie funeste, à laquelle l'exagération des droits[1] a donné naissance, ne sera chassée du marché de la capitale que par des mesures énergiques. Elle a aujourd'hui sa clientèle; elle est tenace, et pour la déposséder, il faudra frapper de grands coups, en admettant même qu'il soit possible de l'anéantir complétement.

A Paris, aujourd'hui, le droit n'atteint que 970,000 hectolitres de vins. La consommation monterait probablement à 2 millions d'hectolitres si la sophistication disparaissait, si les droits étaient modérés, et si les moyens de transport étaient portés à un plus haut degré de perfection; ce dernier objet serait de la plus grande facilité, et pourrait s'accomplir presque d'un coup de sifflet, du moins en ce qui concerne la Bourgogne. La probabilité que nous assignons à ce chiffre de 2 millions paraît résulter de la consommation qui avait lieu en 1808, de

[1] L'impôt total sur les vins en cercles est à Paris de 20 fr. 35 c. par hectolitre; c'est deux fois, et même quatre fois, la valeur vénale sur certains lieux de production. L'octroi figure dans cette somme pour 11 fr. 55 c., les droits de l'État pour 8 fr. 80 c. Sur les vins en bouteilles, le Trésor reçoit de même 8 fr. 80 c. et la ville 19 fr. 80 c., et toute bouteille est assimilée au litre. Sur l'alcool le droit d'octroi est de 27 fr. 50 c., le droit du Trésor de 55 fr., total 82 f. 50 c.

l'accroissement du bien-être et de la réduction de la valeur vénale des vins rendus à Paris. Puisqu'on consommait alors 160 litres par tête, un million d'habitants plus aisés, ayant à payer le vin moins cher, devraient en absorber 200 litres. Cet accroissement de débouché équivaudrait à toute notre exportation et au delà [1]. Ceci montre, disons-le en passant, quel fond nous devons faire sur le marché national si nous savons bien l'exploiter.

On peut regarder comme possible, moyennant un bon système de transport et des dispositions commerciales bien entendues, de livrer, à Paris, des vins de l'Yonne, d'un usage sain et agréable, à raison de 25 fr. l'hectolitre, en laissant subsister la moitié des droits d'octroi et des droits d'entrée (au profit du Trésor) qui subsistent aujourd'hui. On ne saurait contester que dès lors la consommation prendrait un essor rapide.

A l'égard des contrées qui produisent des vins dits à *brûler*, qu'on distille pour les convertir en alcool, un remède au mal a été proposé, qui serait d'une application plus immédiate. Il s'agirait de favoriser l'emploi de l'alcool pour l'éclairage domestique.

On sait que dans plusieurs pays, en Amérique, en Allemagne, on a remplacé l'huile par un mélange d'alcool à 95° et de térébenthine : c'est une lumière d'un grand éclat. L'éclairage à l'huile présente des inconvénients particuliers ; l'huile est un sale liquide, d'une manutention incommode. Là où les domestiques sont inexperts, elle fait le désespoir des ménagères par les taches qu'elle répand. Elle exige des lampes mécaniques, et hors de Paris et de nos départements du Nord, ces lampes ont l'inconvénient qu'une fois dérangées on ne sait

[1] Le commerce a exporté de France :

De 1787 à 1789, en moyenne et par année	975,889 hectol.
1815 à 1819	1,054,955
1820 à 1824	1,074,565
1825 à 1829	1,139,765
1830 à 1834	1,144,690
1835 à 1839	1,273,654
1840 et 1841	1,405,986

A partir de 1830, l'augmentation doit être attribuée presque tout entière à Alger ; elle n'affecte que les produits d'une qualité inférieure et ne profite qu'aux vignobles des bords de la Méditerranée.

comment les réparer. Je connais telle personne de province qui est obligée, de temps en temps, d'expédier ses lampes dans la capitale. L'alcool mélangé de térébenthine brûle au contraire dans des lampes fort simples ; il ne tache pas au même degré, à beaucoup près. Si l'éclairage à l'alcool existait, personne ne songerait à l'éclairage à l'huile.

Pour l'éclairage à l'alcool, il faut que l'alcool concentré soit à bas prix, ce qui, abstraction faite des droits, exigera quelques perfectionnements dans l'art de distiller les vins. Mais on y arrivera sans peine.

Le seul obstacle au bon marché de l'alcool réside maintenant dans les droits du Trésor et de l'octroi. L'alcool a paru une matière éminemment imposable, parce qu'on le convertit en boissons spiritueuses qui se vendent au détail à des prix élevés. Cependant, l'administration s'était réservé la faculté de ménager l'alcool qui aurait été dénaturé de manière à cesser d'être potable. Pendant quelque temps, l'alcool mêlé de térébenthine a été ainsi franc de droits. Mais la chimie indique des moyens simples de séparer la térébenthine de l'alcool; il suffit d'agiter le mélange avec de l'huile, ou encore d'étendre d'eau, de décanter et de distiller deux fois. Les esprits qu'on avait cru rendre impropres à la boisson par la térébenthine étaient régénérés dans Paris. Pour couper court à la fraude, on a mis au néant l'immunité concédée jusque-là. Le procédé a été un peu sommaire : l'administration eût mieux fait d'interroger la chimie afin d'obtenir d'elle un procédé qui dénaturât effectivement l'alcool en tant que boisson. Dernièrement, à Montpellier, deux savants chimistes, MM. Bérard et Ballard, se sont proposé le problème et ont travaillé à le résoudre. Ils paraissent arrivés à cette solution, que le camphre substitué à la térébenthine donnerait le résultat qu'on avait vainement demandé à celle-ci, et qu'au surplus, en joignant au camphre certains produits chlorés, on fournirait aux agents du fisc un infaillible moyen de reconnaître l'alcool qui aurait été une fois dénaturé, indépendamment du goût et de l'odeur que laisserait toujours le camphre[1]. La So-

[1] D'après un Mémoire dû à M. Cauvy, préparateur de physique et de chimie à la Faculté des sciences de Montpellier, au moyen d'une lampe à mèche, due à M. Apolis, le mélange de quatre parties d'alcool à 95 degrés et d'une de térébenthine, répond à peu près, volume pour volume, à l'huile d'olive. Le rapport exact serait, d'après les expériences de M. Cauvy, de 8 à 9 1/2, ou de 100 à 120.

ciété d'Encouragement vient de proposer un prix pour la solution de ce problème chimique.

Cela posé, un expédient simple se présente pour venir en aide à ceux des départements qui produisent du vin à brûler. Il n'y aurait qu'à encourager l'emploi de l'alcool pour l'éclairage en concurrence avec l'huile. En faveur de ce liquide exclusivement, on réduirait des deux tiers ou des trois quarts le droit actuel, qui est à Paris de 82 fr. 50 c. par hectolitre ou de 82 c. et demi par litre, et qui partout est élevé. A Paris, l'huile à brûler paye à l'octroi 22 fr. l'hectolitre. On pourrait étendre ce même droit à l'alcool d'éclairage[1].

Cette idée vient d'être convertie en loi. Pour en apprécier l'importance, il suffit de se rappeler qu'en France le septième de la récolte des vins est distillé : c'est donc le septième de nos vinicoles qu'on tirerait ainsi de peine, et dont le malaise cesserait de réagir sur les autres. Le Trésor n'y perdra rien, puisque le liquide ainsi exempté aura une destination à laquelle ne va aujourd'hui aucune quantité notable d'alcool. Les villes y gagneront, parce qu'aujourd'hui l'alcool donne lieu à une contrebande effrénée. C'est au point que dans certaines villes le droit d'octroi sur les esprits ne profite qu'aux fraudeurs[2]. La somme que toutes les villes réunies retirent du droit sur l'alcool est de 3 millions et demi, et, déduction faite de Paris, 2,200,000 fr. environ. Il n'y a pas, dans un État, de cause de démoralisation plus grande que le spectacle d'hommes vivant de la violation des lois.

Nous ne devons pas taire, cependant, que l'affranchissement de l'alcool rendu impropre à la boisson pourrait tourner à l'avantage d'autres que les producteurs de vin; la France fabrique

A ce compte, la liqueur alcoolique offrirait beaucoup d'économie si les droits n'en haussaient pas le prix.

[1] En 1842, les esprits entrés à Paris, supposés réduits en alcool pur, ont représenté 48,390 hectolitres. La moyenne des dix dernières années est de 40,774 hectolitres. Ce liquide a rapporté en 1842, à la ville, 1,330,815 fr., à l'État 3,992,289 fr. L'huile à brûler a représenté, en 1842, 91,304 hectolitres, et en moyenne pendant les dix dernières années 90,544 hectolitres. Elle a rapporté à la ville, en 1842, 2,008,692 fr.

[2] Je citerai Montpellier, par exemple, où le droit d'octroi sur les esprits ne rend que 1,400 fr. C'est la vingtième ou la trentième partie de ce qu'il devrait rapporter si la contrebande sur cette denrée n'était devenue une habitude générale de la population.

peu ou point d'eau-de-vie de pommes de terre, quoique d'une surface donnée recevant cette culture on puisse obtenir beaucoup plus d'esprits que de la même superficie cultivée en vignes; c'est que la France abonde en eau-de-vie de vin bien plus agréable à boire ; mais du moment où l'industrie domestique ou manufacturière offrira un large débouché à des esprits moins au goût des buveurs, et qu'un usage se présentera pour lequel la saveur empyreumatique des esprits extraits de la fécule de pommes de terre sera indifférente, il faut s'attendre à voir établir des distilleries où l'on travaillera en grand la pomme de terre ou les grains. Ainsi qu'on l'a dit dans la discussion de la loi des sucres, il y a lieu de penser que beaucoup de sucreries de betterave du Nord recevront cette destination nouvelle.

L'un des revenus indirects dont l'accroissement rapide est le plus probable est celui des canaux. Indépendamment des rivières, les canaux figurent au budget de 1843 pour 6,468,000 f. Dans la condition où on les laisse, c'est à peine ce que réclame leur entretien; ils pourraient rendre beaucoup plus. Les canaux de l'Etat forment un développement d'environ 3,200 kilom. Or, quel peut être le revenu brut de canaux bien aménagés, habilement administrés, en un pays dont les productions sont très-diverses et tendent à s'échanger à grande distance?

A cette question, une réponse précise n'est pas facile ; M. Pillet-Will essaya, il y a quelques années, de calculer le produit futur des Quatre-Canaux (canal latéral à la Loire, canal du Berry, canal du Nivernais, canal de Bretagne), formant un développement total de 1,213 kilom. Il résulterait de son analyse détaillée que ce produit serait moyennement de 9 fr. 82 c. par mètre courant de la longueur de ces canaux. Pour le canal latéral à la Loire, il trouvait 24 fr. 24 c. Le canal du Midi rend aujourd'hui 10 fr. par mètre; le produit du canal du Rhône au Rhin a été, en 1842, sur le pied de 2 fr. 59 c.; le canal de Bourgogne rend 5 fr. 49 c. Dans l'Etat de New-York, 1,014 kilom. de canalisation de l'Etat rendaient, en 1838, 8,273,860 fr., soit par mètre courant 8 fr. 16 c. Les canaux Erié et Champlain, avec une longueur de 689 kilom., donnèrent, la même année, 7,887,333 fr., soit par mètre courant 11 fr. 45 c. En ce moment, leur produit est d'environ 10 millions, soit par mètre de 14 fr. 51 c. On ne s'expose pas à une déception en estimant que les canaux de l'Etat une fois achevés, bien liés les uns aux autres et se portant ainsi secours réciproquement, et en les supposant d'ailleurs bien administrés dans un sain esprit commercial, rendraient 6 fr. par mètre. L'achèvement réel pourrait avoir lieu dans quatre ou cinq ans. Ce serait pour le budget une ressource de 19 millions 200,000 fr. pour 3,200 kilom. Les frais d'entretien étant, pour des canaux une fois en bon état, d'environ 1,500 fr. par kilom. ou de 4,800,000 fr. pour 3,200 kilom., il resterait alors au Trésor une recette nette de 14 millions. Pour se la procurer, il suffirait de pourvoir au prompt et définitif achèvement de ces lignes et à leur bon aménagement. La canalisation des rivières, à laquelle on procède de toutes parts, créerait un revenu supplémentaire de plusieurs millions pareillement. En somme, on est fondé à attendre des lignes navigables de toute nature, si on le veut bien, une recette de 20 millions, et il ne faut pas perdre de vue que de pareils bénéfices pour le Trésor supposent pour les particuliers un profit décuple peut-être.

Mais, au préalable, il serait nécessaire de consacrer une somme de 30 millions à parachever les canaux. Ensuite il faudrait, ce qui est plus difficile que de trouver 30 millions, quoique la somme soit assez grosse pour embarrasser un ministre des finances dans la situation actuelle du Trésor, que l'administration s'assimilât l'esprit commercial, qu'elle se pénétrât bien de la nécessité d'être accommodante avec l'industrie avant toute chose; que ses règlements sur l'exploitation des canaux et la mise en œuvre de ces règlements fussent ainsi entendus. En soumettant les bateliers et les éclusiers à une bonne police, on aurait déjà beaucoup fait ; car si la navigation des canaux est lente, si elle n'est pas à jour et à heure fixes pour les départs et les arrivées ; si, par suite, on ne lui confie pas les objets de quelque prix, c'est en partie parce que les bateliers n'ont pas la notion de la valeur du temps, et que les éclusiers qui vendent du vin sont intéressés à leur faire faire des stations à chaque passage d'écluse. Il y aurait lieu d'organiser en une sorte de corporation ou de régiment les éclusiers, d'instituer de même un service régulier de halage par chevaux, et de soumettre les bateliers à une législation répressive qui fût expéditive et sévère. De la sorte, on verrait nos canaux produire des résultats semblables à ceux des canaux anglais et américains. Jusque-là, ce seront des constructions d'apparat pareilles à celles que les riches érigent dans leurs parcs pour l'embellissement du paysage, plutôt que des artères distribuant la vie et l'aisance partout où elles passent.

Notre corps des ponts et chaussées compte dans son sein un grand nombre d'hommes non moins habiles à administrer et à manier de grands intérêts qu'à construire des ouvrages savamment disposés, et il a à sa tête un administrateur d'une capacité éprouvée. Ce qu'ont su faire si bien les commissaires des canaux de l'Etat de New-York doit être un jeu pour notre administration des ponts et chaussées. Par la force des choses, elle est mise en demeure de l'accomplir, sinon l'on verrait s'accréditer l'idée qui a déjà des prosélytes, que la gestion des canaux doit être retirée des mains de l'Etat pour être confiée à une compagnie de fermiers.

VI. SELS.

L'impôt du sel est évalué, pour 1843, à.	65,044,000 fr.
En 1830 il l'était à.	61,127,000
L'accroissement est de.	3,917,000 fr.

Sur le produit de 1843, 56,207,000 fr., ou les sept huitièmes proviennent des marais salants, et sont perçus par les douanes.

Cet impôt se développe très-peu; il suit à peu près la même marche que la population. De 1830 à 1843, la progression a été de 6 4/10 pour 100, celle de la population étant de 6 2/3.

La consommation, en France, est maintenant de 6 2/3 kilog. par tête, l'impôt étant de 30 fr. par 100 kilog.

En Prusse, elle est de 7 1/2 kilog., l'impôt étant, y compris la valeur de la matière, de 29 fr. 30 c. [1].

En Belgique, elle est de 8 kilog.; l'impôt est de 18 fr. 50 c. par 100 kilog.

En Angleterre, elle est devenue très-considérable depuis quelques années : l'impôt du sel, qui était énorme, ayant été

[1] Le gouvernement prussien vend le sel lui-même.

supprimé totalement, on a appliqué le sel sur une très-grande échelle, à l'agriculture, à l'élève du bétail, et même à la fabrication de *composts* ou engrais.

L'impôt du sel est celui de tous, sans contredit, qui ressemble le plus à une capitation. Le sel est l'assaisonnement du pauvre. Une famille composée de cinq personnes paye à l'Etat, à ce titre, une somme de 9 fr. 50 c.; on ne peut se dissimuler que c'est lourd. Généralement, la doctrine qui tend à abolir des impôts existants auxquels la population est accoutumée ne doit être accueillie qu'avec défiance. Il vaut mieux maintenir un impôt auquel les contribuables sont habitués, à la condition d'en employer productivement le revenu, de le faire servir à améliorer les conditions du travail, à faciliter les opérations de l'industrie agricole, manufacturière ou commerciale; d'un pareil usage résulte un plus grand accroissement pour la richesse nationale et pour le bien-être de la classe pauvre. Cependant, l'impôt du sel doit former une exception à cette règle. Il serait bon de le faire disparaître ou de le réduire des deux tiers; il suffirait, pour rétablir l'équilibre au profit du fisc, de revenir sur la déplorable modification qui fut apportée, en décembre 1830, au droit sur la vente en détail des boissons. Ce serait un grand soulagement pour la population des campagnes; ceux qui ont parcouru les départements besogneux situés aux extrémités du royaume, sur les flancs des Alpes et des Pyrénées, où les citoyens payent tant à l'Etat et reçoivent de lui si peu, combien de fois n'y ont-ils pas entendu les paysans gémir de ce que leur coûtait cet impôt, de l'obstacle qu'il opposait à ce qu'ils élevassent mieux leur bétail et à ce qu'ils tirassent parti du lait de leurs troupeaux pour fabriquer des fromages! L'impôt du sel en centuple la valeur sur les marais salants; il oblige ainsi ces pauvres gens à des avances qui sont au-dessus de leurs forces, car le crédit n'existe point dans ces hautes vallées du Tech, de l'Ariége ou de la Garonne, de la Durance, de l'Ubaye ou du Verdon : c'est l'usure qui règne là sans vergogne dans toute sa hideur.

VII. POSTES.

L'administration des postes est une de celles dont on peut mesurer l'utilité également et par les sommes qu'elles reçoivent et par celles qu'elles dépensent.

Les voies et moyens du budget de 1843 comprennent les différents produits des postes pour 48,393,000 fr. Ils faisaient partie des recettes prévues par le budget de 1830 pour 30 millions 523,000 fr. C'est donc une augmentation comparative de 17,870,000 fr. L'accroissement des dépêches y contribue pour 12,418,000 fr. ; c'est plus des deux tiers de la totalité. Le service rural, qui n'était pas porté au budget de 1830, procure 2,405,000 fr. Les paquebots du Levant, créés depuis cette époque, rendent 1,366,000 fr. Le transit des correspondances étrangères, et particulièrement celui de la malle anglaise de l'Inde, fournit 785,000 fr. Il y a un accroissement de 474,000 fr. sur la taxe des envois d'argent. Le complément résulte d'une somme de 116,000 fr. pour les places dans les malles-postes, de 259,000 fr. pour le produit des places dans les paquebots de la Corse et d'Alger, et de 37,000 fr. pour la vente du livre de poste.

Quant à l'extension qu'a reçue le service, elle a été telle, entre les mains actives de M. Conte, que malgré une sévère économie et diverses diminutions de frais, la dépense s'est accrue presque autant que la recette. En 1830, le service des postes coûtait 16,047,574 fr. ; aujourd'hui, il absorbe 29 millions 863,338 fr. Il n'existait que vingt-deux lignes de malles-postes, représentant une course annuelle de 591,633 myriam., il y en a aujourd'hui trente, dont le parcours total est de 741,365 myriam. ; l'excédant est de 149,732 myriam. ou de 25 pour 100. Le transport par les malles coûtait, en 1830, 7,243,641 fr. ; aujourd'hui, les frais de ce service sont de 8,831,164 fr. ; c'est seulement 22 pour 100 de plus. La vitesse du service a beaucoup augmenté : en 1831, M. Humann, rapporteur du budget, constatait que le temps moyen du parcours des malles, qui avait été, en 1816, de 69 m. par poste, ou 8 m. 22 s. par kilom., n'était plus que de 46 m. par poste, ou de 5 m. 45 s. par kilom. Aujourd'hui, il est par kilom. de 4 m. à 4 m. 30 s., selon les directions.

En 1830, la malle mettait 45 h. de Paris à Bordeaux, et 47 h. de Paris à Lyon, le retour prenait 8 à 10 h. de plus; aujourd'hui, le temps accordé sur la première ligne est de 36 h. 30 m., et sur la seconde de 32 h. 30 m. C'est une économie de temps de 21 pour 100 sur l'une, et de 30 pour 100 sur l'autre, et le retour dure seulement 2 h. de plus que l'aller.

Il fallait, avant 1828, dix jours et quatorze heures pour avoir à Paris une réponse de Marseille ; il ne fallait plus, en 1838, que six jours et douze heures [1]. En 1830, on comptait onze cents services par entreprise, parcourant 2,232,000 myriam., ce nombre a été successivement porté à 2,067, dont le parcours est de 3,462,000 myriam. Augmentation, 1,230,000 myriam., ou 55 pour 100. De là, un surcroît de dépense de 1,456,920 fr. Le service rural, au moyen duquel il n'y a pas de maison isolée, perdue dans les bois, sur la crête des montagnes, qui ne reçoive, tous les deux jours au moins, les lettres et les journaux, a une allocation de 4,014,960 fr. Ce service avait été conçu par le gouvernement de la Restauration. Il avait même eu un commencement d'organisation dès le 1er avril 1830, mais il ne figurait pas sur le budget de cet exercice.

En 1830, la poste n'avait d'autres paquebots que ceux de Calais à Douvres. Ils rendaient 48,000 fr. Depuis 1836, l'administration possède l'admirable service des paquebots du Levant, le plus régulier de toute l'Europe, et qui rapporte par les passagers 892,000 fr., par les matières d'or et d'argent 174,000 fr. ; total, sans les lettres, 1,066,000 fr., et avec celles-ci 300,000 fr. de plus. Elle a ceux de Marseille en Corse qu'elle va gérer directement et qui seront assez productifs. Jusqu'à ce jour ils étaient confiés à une compagnie qui recevait une subvention de 120,000 fr. Elle perçoit les prix des places sur ceux de Toulon à Alger, qui relèvent du ministère de la marine et qui laissent beaucoup à désirer. Elle va avoir la ligne directe de Marseille à Alexandrie, par laquelle s'effectuera en huit jours un passage qui en absorbe quatorze

[1] Déjà sous la Restauration le service des postes avait été bien accéléré. Voici ce qu'on lit dans le Rapport au roi, de M. de Chabrol, de mars 1830 :

« La facilité et la fréquence des communications établies entre tous les points du royaume sont un sujet d'éloges de la part des habitants et des étrangers. L'administration offre non-seulement le secours de sa course hâtive aux papiers que le public lui confie, mais elle transporte le voyageur avec la même rapidité, et pour une rétribution modique, dans tous les lieux où il veut se rendre. Quatre-vingt-six heures suffisaient à peine pour parcourir les soixante-dix-sept postes qui nous séparent de Bordeaux, quarante-cinq heures nous y conduisent aujourd'hui. Il fallait quatre-vingt-sept heures pour arriver à Brest, on s'y rend maintenant en soixante-deux heures; la route de Lyon exigeait soixante-huit heures, elle n'en demande plus que quarante-sept; Toulouse était à cent dix heures de Paris, il n'en est plus qu'à soixante-douze heures. »

aujourd'hui [1]. Les paquebots du Levant et de la Corse exigent 4,929,930 fr.

Un service nouveau, celui des paquebots transatlantiques, donnera un supplément de revenu ; mais il coûtera beaucoup plus qu'il ne rapportera. On estime que, par leurs produits accessoires, les paquebots du Levant remboursent à l'Etat la majeure partie de ce qu'ils lui coûtent, indépendamment des facilités qu'ils procurent aux transactions du commerce et qui se résolvent toujours en un revenu supplémentaire pour le Trésor. Il n'en sera pas de même, de longtemps, des paquebots transatlantiques. La ruine complète de la compagnie anglaise des navires à vapeur allant aux Indes Occidentales, malgré une subvention annuelle de 6 millions, montre à quels frais il faut s'attendre. C'est, avant toute chose, une création politique, une manière d'utiliser, pour le bien du commerce, le matériel de la marine de l'État; mais il est douteux qu'on puisse mettre à exécution la loi telle qu'elle a été votée en 1840 ; ce serait une lourde charge pour l'État, sans compensation suffisante. Si même il en était temps encore, il serait bon de s'arrêter dans la construction des navires, et d'en ajourner la moitié. Lorsque cette loi fut proposée et adoptée, la grande navigation maritime à vapeur était à son début. Le législateur eût pu opérer avec plus de mesure. Il ne fallait pas aller beaucoup au delà d'un essai. Au contraire, c'est toute une flotte qu'on a voulue, une *armada*. Ce qui arrive maintenant est de nature à inspirer des regrets sur la précipitation avec laquelle on a procédé. Les grandes roues à aubes à l'aide desquelles marchaient jusqu'à ce jour les navires à vapeur, et qui les rendent impropres évidemment à l'action militaire, sont peut-être à la veille de céder la place à une sorte de vis d'Archimède placée à l'arrière, de manière à être beaucoup moins vulnérable. L'expérience en a été faite heureusement en Angleterre d'abord sur des navires d'un moindre échantillon que les paquebots de 450 chevaux; mais ce système est mis en pratique, si je suis bien informé, sur le *Great-Britain*, le plus grand des navires à vapeur qui aient été construits. Chez nous, il a été adopté sur le *Napoléon*, qui fera le service de Marseille en Corse, et jusqu'à ce jour la marche du *Napoléon* paraît remarquable. D'autre part, en

[1] Ce service était annoncé pour le printemps de 1843. Il ne paraît pas devoir être en activité avant la fin de l'année

Angleterre, la plupart des constructeurs montrent un penchant à préférer le fer au bois pour la coque des navires à vapeur ; ce qui rend les bâtiments beaucoup plus légers. En présence de ces deux perfectionnements, dont le mérite semble au moment d'être constaté, pourquoi donc se presser, sans motif, de construire par douzaines des steamers qui, demain peut-être, ne seront plus que des vieilleries bonnes à conserver uniquement comme pièces historiques?

En 1830, il y avait 1,395 directions de postes et 580 bureaux de distribution, total 1,975. Il y a aujourd'hui 2,147 directions et 898 bureaux de distribution, total 3,045. L'augmentation du nombre des services par entreprise, et la nécessité d'abréger le parcours et de faire cesser les détours, a obligé successivement à porter le nombre des entrepôts de 103 à 340. Sur les 37,040 communes que compte le royaume, 34,000, d'après ce qui précède, sont dépourvues de bureaux de poste. Cependant, sur ce nombre, 20,118 ne reçoivent pas moins leurs lettres tous les jours ; les autres, au nombre de 13,877, les ont de deux jours l'un. Ces 34,000 communes sont desservies par 8,999 facteurs ruraux.

Le service des postes a donné lieu, dans ces derniers temps, à beaucoup, nous ne dirons pas de réclamations, il n'y a qu'une voix sur le zèle éclairé de M. Conte, mais de propositions ; et il y a peu de semaines, la tribune de la Chambre des députés en retentissait encore. On a proposé de réduire le port des lettres à un taux modique et uniforme, et cette opinion a été soutenue dans un excellent écrit par M. Piron, l'un des sous-directeurs de l'administration. On a demandé aussi la diminution du droit excessif de 5 pour 100 sur les articles d'argent déposés à la poste, et la suppression du décime rural.

On sait avec quelle hardiesse le gouvernement anglais a tranché la question du port des lettres. Avant 1839, le port moyen, effectivement payé, était en Angleterre de 80 cent. On l'a mis uniformément à 10 cent. De là une augmentation considérable dans le nombre des dépêches.

En 1839, il y en avait.	93 millions.
En 1840, ...	168 —
En 1841, ...	196 —
En 1842, ...	208 —

Ainsi, l'augmentation en trois ans serait de 124 pour 100.

Mais cette augmentation a été influencée par diverses causes. Les paquebots transatlantiques ont été organisés et ont amené beaucoup de dépêches. Les relations avec l'Asie lointaine se sont resserrées [1]. Les imprimés, y compris les journaux, qui ne s'expédiaient pas par la poste, parce qu'ils eussent dû payer comme des lettres, ont pu prendre cette voie. Cependant, le revenu brut, qui était de 60,366,766 fr. (2,390,763 liv. st.) en 1839, ne fut plus, en 1840, que de 35,853,360 fr. (1,419,935 liv. st.). Les frais ont été en croissant; de 18,937,500 fr. (750,000 liv. st.) ils sont montés à 24,694,500 fr. (938,000 liv. st.). Le revenu net avait été, en 1839, de 41,064,025 fr. (1.626,298 liv. st.); il ne fut plus que de 11,303,516 fr. (447,664 liv. st.) en 1840. En 1841, il a été de 11,488,750 fr. (455,000 liv. st.), et en 1842, de 15,276,250 fr. (605,000 liv. st.). Si donc l'abaissement du port des lettres eût été une mesure fiscale, il aurait complétement échoué; mais il n'en était pas ainsi. De la part de l'administration et du parlement c'était un sacrifice aux intérêts populaires. Les hommes d'État de ce pays ont compris combien cet impôt était lourd pour le pauvre séparé de sa famille. Le port d'une simple lettre, dans les seules limites de la Grande-Bretagne, pouvait aller à 1 fr. 67 c. C'était donc une interruption des liens de famille pour la plupart des ouvriers. On comptait cependant que le déficit serait moindre. Par le même motif dont s'était inspiré le gouvernement britannique, plusieurs autres gouvernements ont déjà effectué ou s'apprêtent à opérer des réductions en faveur des lettres à longs trajets.

En France, le taux unique auquel on a proposé de taxer les lettres serait de 20 cent. Celles de la ville pour la ville ne payeraient cependant que 10 cent. La perception moyenne est estimée diversement de 43 à 45 cent. Il faudrait que les lettres se multipliassent dans le rapport de 4 à 9, ou fussent augmentées de 125 pour 100 pour qu'il n'y eût pas de déficit. C'est presque exactement la progression qui s'est manifestée en Angleterre dans un délai de trois ans. Mais en Angleterre la taxe a été réduite dans le rapport de 80 à 10, ou de 8 à 1. En France

[1] En 1841, la malle anglaise de l'Inde, touchant une fois par mois à Marseille, et qui ne porte pas toute la correspondance de l'Inde, comprenait moyennement 24 caisses du poids de 20 kilog. chacune. En 1842, la moyenne du nombre des caisses a été de 44.

elle le serait dans la proportion de 45 à 20, ou de 2 ¼ à 1. Puis, ainsi que le faisait remarquer M. Lacave-Laplagne à la tribune (25 mars), en France il n'y a pas, pour l'accroissement du nombre des dépêches, comme en Angleterre, la ressource des imprimés, car chez nous la feuille d'impression n'est taxée à la poste qu'à 5 cent., et on peut payer par quart de feuille, et les journaux payent 4 cent. seulement. Aussi tous les imprimés prennent-ils déjà cette voie.

En France, le nombre des lettres était, en 1836, de 79 millions, se divisant ainsi :

Lettres de Paris pour Paris.	7	millions,	ou	8 8/10 p. 100.
Lettres ne sortant pas d'un arrondissement de direction des postes	5	—	ou	6 3/10 —
Lettres de bureau à bureau.	67	—	ou	84 9/10 —
	79	millions.		
En 1837, il y en avait.	83	—		
Maintenant il y en a environ.	100 [1]	—		

Incontestablement ce nombre augmenterait sous l'influence d'une taxe modique. Actuellement, à cause de l'élévation de la taxe, on n'écrit guère que des lettres d'affaires, et on ne les multiplie pas. Au contraire, à Paris, où le port d'une lettre n'est que de 15 cent., on s'écrit, dans certaines classes, sans fin et à tout propos. Le million d'habitants qui peuple la capitale produit présentement plus de 8 millions de lettres. C'est sur le pied de 8 lettres par tête et par an, sans compter tout ce que Paris expédie au dehors ou en reçoit. La moyenne générale de tout le royaume n'est que de 3 lettres par tête. Cependant, d'après l'exemple de l'Angleterre, on peut douter que, fiscalement parlant, l'abaissement de la taxe à 20 cent. fût une affaire directement profitable. C'est par des considérations latérales, en vue de faciliter les relations commerciales, et plus encore par des motifs d'un autre ordre, par l'intérêt de la civilisation, par le respect dû aux liens de famille et d'amitié, que se recommande cette mesure. La lecture et l'écriture se répandant de plus en plus parmi les classes peu aisées, ce serait une raison pour que la poste fût mieux à leur portée par ses prix.

Le droit sur les envois d'argent est, comme on l'a dit au

[1] Sans compter les lettres de et pour l'étranger, qui sont au nombre de 6 millions, les lettres d'avis de naissance, mariage, décès, au nombre de 700,000.

sein des Chambres, usuraire. Sans doute l'État ne doit pas se faire banquier; il convient qu'il laisse aux maisons de banque le soin et le bénéfice du mouvement des fonds ; mais il y a une foule de transactions de détail dont les banquiers ne voudraient ou ne pourraient pas se charger. Tels sont les envois de petites sommes qu'une famille de paysans fait à son fils sous les drapeaux ; telles sont les valeurs représentant l'abonnement à un journal, l'achat d'un volume. Aujourd'hui, en sus de la prime de 5 pour 100, il faut payer à la poste le timbre d'une reconnaissance, quand l'envoi est de plus de 10 fr., et, dans tous les cas, un port de lettre qui peut être de 1 fr. 10 c. Sur un envoi de 11 fr. la perception totale peut s'élever à 2 fr., ou à 18 pour 100 au lieu de 5, taux exorbitant. Or, sur 22 millions environ, montant des envois confiés à la poste, près de la moitié, d'après M. Mermilliod, rapporteur d'une pétition sur ce sujet, consiste en articles inférieurs à 20 fr.

A ce sujet, l'Angleterre nous offre un exemple décisif. Le droit sur les envois d'argent était, dans le Royaume-Uni, avant la réforme postale, de 6 den. (61 cent.) pour toute somme de 2 liv. st. (50 fr. 50 c.) et au-dessous. On l'a réduit de moitié et mis à 3 den. (30 c.) Pour une somme de 2 livres, ce n'est donc guère plus d'un demi pour 100. Les sommes de 2 liv. st. à 5 liv. st. (126 fr. 25 c.) payaient 1 fr. 87 c., elles ne sont plus taxées qu'à 61 c. ; sur 5 liv., c'est environ un demi pour cent, et pour 2 liv. et 1 den., 1 et un quart. Depuis cette réduction, les envois d'argent se sont prodigieusement multipliés. Dans le trimestre clos le 5 avril 1839, il y avait eu 54,623 articles, représentant une somme de 2,341,530 fr. ; pendant le trimestre clos le 5 janvier 1842 il y en a eu 766,672, formant un capital de 40,894,800 fr. ; c'est dix-huit fois davantage. La valeur moyenne des envois a un peu monté ; elle était de 42 fr. 90 c. dans le premier des deux trimestres que nous comparons ici; elle a été de 53 fr. 30 c. dans le second, et le produit de la taxe a dû être six à sept fois plus considérable. En France, ce n'est aujourd'hui pour l'État qu'un revenu de 1 million 195,000 fr. En limitant le droit à 1 pour 100 pour toute somme de moins de 20 fr., à 1 1/2 pour les sommes de 20 fr. à 50 fr., et à 2 pour 100 de 50 à 100 fr. ; en établissant un procédé particulier d'expédition pour les mandats, de manière à décharger l'expéditeur d'une partie du port de lettre, le Trésor, selon toute apparence, réaliserait un grand profit. Il ne causerait, répétons-le, aucun préjudice à l'industrie particulière, car les envois de fonds sont effectués par les banquiers moyennant une prime moindre, un demi ou même un quart pour cent, dès qu'il s'agit d'une somme un peu forte ; mais les banquiers ne se chargent pas du transport des sommes toutes menues, ils n'ont pas de correspondants partout, dans toutes les villes, dans tous les chefs-lieux d'arrondissement, et encore moins dans les campagnes ni dans les camps de l'Algérie. Par là on faciliterait mille petits achats impossibles aujourd'hui au consommateur des départements. Ce serait la création d'un nouveau service public qui n'existe pas et dont le besoin est senti. Les envois d'argent sont, de toutes les opérations publiques entreprises par l'Etat, celle dans laquelle le progrès est le plus lent. Il y a trente ans les envois se faisaient réellement en nature ; c'étaient les mêmes pièces de 5 fr. remises par l'expéditeur qu'on envoyait par la malle à leur destination.

Il y aurait bien quelques précautions à prendre pour empêcher de petits bureaux de poste d'être mis à sec ou même en déficit ; mais ce serait peu difficile. Nos administrateurs des finances savent résoudre des problèmes plus embarrassants.

La suppression du décime supplémentaire auquel sont assujetties les lettres passant par les mains des facteurs ruraux est de toute équité. On ne voit pas pourquoi les habitants de la campagne payeraient plus cher que les autres citoyens le port de leurs lettres. Ils ne sont pas plus riches, ils le sont moins. Ce décime produit 1,900,000 fr., et M. Lacave-Laplagne disait récemment à la tribune que, « Si nous étions dans une situation telle que deux millions de plus ou de moins dans le budget des recettes fussent une chose indifférente, il croirait à propos que le gouvernement s'occupât immédiatement de réaliser cette amélioration. »

En ce moment, on voit peu de perfectionnements à introduire dans l'expédition des dépêches, particulièrement en ce qui concerne les rapports du centre avec la circonférence. Il est impossible d'obtenir plus de célérité, dans l'état actuel de nos routes. L'idée qui a été émise d'avoir deux départs de malles par jour, idée provoquée surtout par le désir d'éviter le stationnement de douze heures que font les dépêches à Paris, augmenterait les dépenses dans de trop fortes proportions. Mais à la circonférence et entre les points intermédiaires il y a des perfectionnements à appeler. Nous avons une série de malles qui décrivent pour ainsi dire la circonférence, allant du Havre à Tours et à Bordeaux, de Bordeaux à Bayonne, de Bayonne à Toulouse, de Toulouse à Marseille, de là à Lyon, de Lyon à Strasbourg. D'autres vont de Bordeaux à Nantes et de Bordeaux à Toulouse. Il reste à clore le cercle par une suite de malles dirigées de Strasbourg ou de Nancy sur Lille, de Lille à Rouen ou au Havre, de Rouen à Brest et de Brest à Nantes. Quelques-unes de ces malles ont existé : il y aurait lieu de les rétablir aujourd'hui que le mouvement des affaires en justifierait l'existence.

Mais s'il est vrai qu'il n'y a rien au monde de comparable à ce transport des dépêches de Paris à tous les points de la circonférence et aux relations rapides établies entre les points éloignés [1], il faut reconnaître que nous sommes loin de la perfection encore pour les communications à petite distance; et par là nous n'entendons pas seulement celles qui intéressent les humbles villages, nous voulons parler de ce qui concerne les villes. Entre les villes de six à dix mille âmes, placées à des distances de 30 à 100 kilom., les dépêches ne s'échangent pas assez vite. En cas pareil, il serait possible d'avoir, à peu de frais, plusieurs départs chaque jour dans chaque direction, au moyen des diligences qui se sont tant multipliées en France. Actuellement, d'une ville à une autre il n'y a qu'un départ, subordonné le plus souvent aux convenances du service de l'un à l'autre de deux grands centres entre lesquels ces deux villes sont placées; il résulte de là fréquemment pour les points intermédiaires des heures fort incommodes et partant beaucoup de lenteur. Je pourrais citer telles localités situées, sur une ligne de malle, à 40 kilom. l'une de l'autre, qui ont, par le fait de ces heures, des communications de dépêches aussi difficiles que si elles étaient séparées par 50 lieues. A pareille distance, le service devrait être fait de telle sorte qu'on pût avoir la réponse dans le même jour. Il est bien probable que les frais seraient couverts par l'augmentation des produits. L'amélioration signalée ici pro-

[1] Une amélioration de détail facile à obtenir consisterait à avoir des traîneaux pour le passage des dépêches au travers des neiges qui embarrassent quelques-unes des routes fréquentées par les malles pendant quelques jours chaque hiver. A cet égard, nous signalerons particulièrement la route de Paris à Montpellier.

duirait des effets semblables. Au surplus, M. Conte ne peut avoir de répugnance à entrer dans cette voie, puisqu'il a créé, depuis 1830, un millier de services par entreprises.

VIII. TABACS.

Les tabacs comptent aujourd'hui parmi les principaux revenus de l'État. Leur produit brut est inscrit au budget de 1843

pour	100,000,000 fr.
il ne l'était au budget de 1830 que pour .	67,989,000
c'est un surplus de	32,011,000 fr.
le produit net est évalué pour 1843 à . .	70,399,561 fr.
il était en 1830 de	46,656,000
c'est donc une augmentation nette de . .	23,743,561 fr.

En 1842, le bénéfice net, tel qu'il est indiqué dans un rapport récent du directeur de l'administration, est de 74 millions ; c'est-à-dire de 27 millions et demi supérieur à celui de 1830. De 1818 à 1830, ce profit net n'avait crû que de 5 millions.

La consommation moyenne pour tout le royaume, calculée d'après le recensement de la population de 1836, est de 492 grammes. Elle a dépassé 1 kilog. dans cinq départements seulement, les Bouches-du-Rhône, le Nord, le Pas-de-Calais, le Haut-Rhin et la Seine. Elle n'a excédé 1/2 kilog. que dans douze autres départements.

Le tabac fabriqué et mis en vente dans les entrepôts revient moyennement à l'État à . . . . 1 fr. 43 le kilog.
le prix moyen effectif de vente a été en 1841 de 5 93

C'est donc un bénéfice de 318 pour 100.

La statistique de l'administration des tabacs fournit à l'économie politique des renseignements curieux.

Le bénéfice réel de la régie, depuis l'origine jusqu'au 1er janvier 1843, a été de 1 milliard 470 millions, dont 93 millions de 1811 à 1815, 609 millions de 1815 à 1830, et 768 de 1830 à 1843.

La consommation a été, en 1841, de 16,443,531 kilog., qu'on peut répartir ainsi :

PAR ESPÈCES.

Tabac à priser..	6,520,193 kilog.,	valant	43,771,460 fr.
Cigares (nombre, 98,233,750).	392,935 —	—	7,560,240
Tabac de pipe.	9,530,403 —	—	46,136,915
	16,443,531 [1] —	—	97,468,615 fr.

PAR QUALITÉS.

Tabac de luxe.	494,966 kilog.,	valant	8,632,154 fr.
— ordinaire.	11,181,739 —	—	78,272,113
— à prix réduit.	4,766,835 —	—	10,564,348
	16,443,540 kilog.	—	97,468,615 fr.

La quantité de tabac brut sur laquelle opère la régie s'élève annuellement à 17,500,000 kilog.

Les achats de tabac de l'administration en 1841, dernière année dont on ait les comptes, se répartissent dans les proportions suivantes :

PROVENANCE DES TABACS.	POIDS absolu.	POIDS en centièmes du total.	VALEUR absolue.	VALEUR en centièmes du total.
Tabac indigène.	9,679,199 kil.	43.6	6,316,393 fr.	28.1
— exotique.	12,890,965	56.8	15,961,461	71.1
— de saisies..	132,528	».6	169,046	».8
	22,702,692 kil.		22,446,900 fr.	

La production du tabac est limitée à six départements, le Bas-Rhin, le Nord, Ille-et-Vilaine, Pas-de-Calais, Lot et Lot-et-Garonne, et même à quelques arrondissements dans ces départements. Les propriétaires, en s'inscrivant, obtiennent la faculté de produire la quantité de tabac qui leur convient, pourvu que le contingent départemental fixé par la régie ne soit pas dépassé. En fait, aujourd'hui nos cultivateurs restent au-dessous des demandes qui leur sont faites. La régie agréerait d'eux 12 millions de kilog. ; ils lui en fournissent moins de 10 millions. Le nombre des planteurs français a été de 20,051, qui ont cultivé 8,594 hectares, soit moyennement 23 ares. C'est donc une culture extrêmement divisée. Il faut croire qu'elle est peu avantageuse ; mais l'administration ne peut hausser ses prix. La qualité des tabacs étrangers lui fait une loi d'employer ceux-ci. Cependant elle est plutôt disposée à favoriser qu'à restreindre la production indigène. Et par exemple, le tabac ordinaire à fumer lui man-

[1] Le rapport officiel porte un total de 16,507,531 kilog.

quant, elle s'efforce d'en encourager la production en Corse. Elle en attendrait aussi de l'Algérie. La tradition dit que dans les Landes le tabac réussissait jadis ; il conviendrait d'y autoriser des essais ; ce serait une faveur opportune, parce qu'on encouragerait ainsi les efforts qui tendent à défricher cette vaste région jusqu'à ce jour demeurée improductive.

En ces temps-ci, parmi les questions d'économie publique vers lesquelles les idées se portent de préférence, il en est peu qui préoccupent les penseurs plus que celle de l'intervention du gouvernement dans l'industrie, ou que celle de l'organisation du travail, qu'on peut définir à peu près par cette autre formule, la sécurité de l'avenir pour les travailleurs. Sous ce rapport, l'administration des tabacs devient un sujet particulièrement digne d'étude. C'est le gouvernement se faisant industriel sur une grande échelle, et il est naturel de penser *à priori* que l'administration française, qui procède méthodiquement en toute chose, qui se plaît à organiser, et qui est bienveillante pour ses subordonnés, aura recherché des mesures organiques propres à inspirer aux nombreux ouvriers des manufactures de tabacs une bonne existence dans le présent et de la confiance pour l'avenir.

Quant à la fabrication, malgré les plaisanteries des vaudevilles et les épigrammes des feuilletons, la régie a le succès le plus complet. Son tabac à priser est le meilleur du monde. Il est recherché et préféré partout, et hors de France sa supériorité n'est pas contestée. Depuis que l'administration des tabacs a une existence propre, beaucoup d'efforts ont été faits pour perfectionner des opérations qui déjà étaient bien conduites. On s'est adressé à l'Ecole polytechnique pour se procurer des chefs de travaux. En 1831, une école des tabacs fut créée pour recruter le personnel des dix manufactures. En 1836, il fut entendu qu'elle tirerait ses élèves de l'Ecole polytechnique exclusivement. Les polytechniciens qui y sont admis suivent des cours au nombre de six : 1° de physique et de chimie appliquées ; 2° de mathématiques et de mécanique ; 3° de fabrication proprement dite ; 4° d'administration et de comptabilité ; 5° de dessin ; 6° de machines spéciales. Après deux ans d'études, ils deviennent successivement sous-inspecteurs, inspecteurs, contrôleurs et régisseurs. Les places qui leur sont réservées, au nombre de quarante-cinq ou cinquante, sont fort convenablement rétribuées ; les traitements varient de 3,000 à 14,000 francs. Ces conditions sont assez belles pour attirer dans ce service des élèves distingués de notre grande école. Les opérations de la fabrication des tabacs acquièrent ainsi le plus sûr gage du succès, la précision analytique et régulière de l'éducation polytechnicienne.

L'armée des travailleurs de l'administration des tabacs se compose, en dessous de cet état-major, de 350 employés à la culture et aux bureaux, qui passent par un surnumérariat de deux ans, auquel ils sont admis après examen, et de 5,000 ouvriers des manufactures royales. En outre, 360 entreposeurs et 207 employés à la surveillance de la fraude, ainsi que 29,000 débitants, relèvent de la direction générale des contributions indirectes. C'est donc un personnel total de 36,000 hommes, sans compter les cultivateurs.

Les ouvriers, au nombre de 5,000, sont paternellement commandés. Au lieu d'être nomades, commes les ouvriers de l'industrie privée, qui vont d'une manufacture à l'autre, changeant de chefs à tout instant, un jour ayant du travail, dont ils sont privés le lendemain ; c'est une population sédentaire, recevant de bons salaires et qu'on s'applique à garder jusqu'à la fin de leurs jours en les faisant passer par des emplois moins fatigants. On veille à leur santé ; on observe à leur égard les règles d'une sévère hygiène. En ce moment les amis de l'humanité se préoccupent vivement de la nécessité d'assurer aux ouvriers une retraite pour leurs vieux jours, moyennant des mesures obligatoires de prévoyance, sous le patronage et la garantie de l'État. Par son attention à maintenir en activité ses vieux serviteurs, au moyen des fonctions plus douces qu'elle leur attribue, l'administration des tabacs résout indirectement le problème d'une façon assez satisfaisante. Elle tiendra à honneur, il faut l'espérer, d'être des premières à adopter une solution plus directe, plus officielle. En cela, au surplus, elle ne fera que suivre l'exemple donné depuis longtemps à la civilisation tout entière par notre ministère de la marine dans ses rapports avec les arsenaux.

Dans le nombre des ouvriers des manufactures de tabac sont 400 enfants. On n'avait pas attendu la loi du 22 mars 1841, sur le travail des enfants dans les manufactures, pour régler leurs labeurs de manière à ne pas abuser de leurs forces. On tient la main à ce qu'ils reçoivent tous l'éducation primaire.

Leur éducation religieuse est l'objet d'une constante sollicitude. En cela l'industrie publique des tabacs donne d'utiles exemples à nos industries privées.

Cette industrie a quelques caractères qui la rendent propre à faire l'objet d'un monopole de l'Etat. Elle exige des opérations en grand; pour la bonne qualité des produits, elle réclame des approvisionnements considérables. Les matières premières qu'elle emploie, ces feuilles qu'elle recueille dans toutes les parties du monde pour les entasser dans ses magasins, pour les manipuler dans ses ateliers, acquièrent de la qualité par le temps. De là donc de vastes achats à faire d'avance. En bonne économie, les manufactures de tabac auraient besoin d'être toujours approvisionnées de feuilles pour trois ans. M. Siméon, dans son rapport récent, estime qu'aujourd'hui l'état normal des approvisionnements, indépendamment des 17,500,000 kilog. qui seront absorbés en 1843, serait de 41,200,000 kilog., savoir :

20,000,000 kilog.	en tabac	d'Amérique de bonne qualité.
1,900,000 —	—	d'Amérique inférieur.
4,600,000 —	—	d'Europe.
14,700,000 —	—	indigène.
41,200,000 kilog.		

Les ressources de la régie ne sont cependant que de 31 millions de kilog. ; elle est donc en arrière de 10,200,000 kilog. C'est un déficit auquel le gouvernement doit pourvoir. Il importe qu'il justifie le monopole dont il jouit, en remplissant tous les devoirs que le privilége impose.

Ce monopole a une utilité indirecte qui est de nature à plaire à un gouvernement soucieux de reconnaître les services rendus à l'Etat. Les débits de tabac, au nombre de 29,000, sont accordés pour la plupart à d'anciens militaires, à des veuves ou filles de fonctionnaires morts dans l'indigence. Une somme de 14 millions, montant des remises qui leur sont attribuées, forme ainsi un supplément au fonds des pensions.

La progression des quantités de tabac vendues n'est manifeste qu'à partir de 1834, époque où la France rentra dans le calme et où les travaux publics acquirent un grand développement. (La loi dite des *cent millions* avait été votée en 1833.) Jusqu'alors, depuis 1816, la France consommait de 11 à 13 millions de kilog. Pendant une période de six années consécutives, de 1820 à 1827, la consommation s'était maintenue entre 12 et 13 millions; et le produit brut de la vente des tabacs oscillait entre 64 et 68 millions; le produit net, par l'effet des perfectionnements de la fabrication, augmentait un peu; de 42 millions il passait à près de 47. Depuis 1834, la consommation s'accroît tous les ans d'une quantité à peu près fixe, d'un demi-million de kilogrammes; le produit brut monte de près de 4 millions par an et le bénéfice réel de 3 millions.

Ce progrès de la vente du tabac est intéressant à mettre en regard des modifications que d'autres consommations ont subies. Les relevés des douanes et ceux du ministère du commerce offrent à cet égard des termes de comparaison curieux.

La France boit depuis dix ans beaucoup plus de café. En 1830, le café importé dans le royaume pour la consommation nationale était de 9,629,138 kilog.; en 1834, époque à laquelle il convient de revenir comme à un terme fixe, parce que la prospérité de la France reprit alors sa marche ascendante, ce fut de 10,821,360 kilog.; en 1841 de 12,954,116 kilog.

La consommation du sucre s'est élevée aussi. Elle était en 1834 de 2 kilog. et demi par tête; elle est maintenant de 3 kilog. un tiers. En 1829 elle était de 2 kilog. et un dixième. Sous l'empire, alors il est vrai que le sucre était à un prix exorbitant, elle n'était que d'un cinquième de kilogramme.

Pour les vêtements, il se consomme beaucoup plus de tissus de coton et d'étoffes plus ou moins élégantes en laine. Pour le coton brut, l'importation était, en 1830, de 29,260,433 kilog., en 1834, de 36,934,546; elle a été, en 1841, de 55,870,483. C'est pour 1834 1 kil. 12 par tête, et pour 1841 1 kil. 64.

Il faut dire que l'extension de ces consommations diverses, ou au moins du sucre, des cotonnades et des tissus de laine, a été favorisée par la baisse des prix. Pour le tabac, les prix sont demeurés les mêmes. C'est un goût qui s'est répandu, une passion qui s'est acclimatée chez nous, non sans être aidée par une amélioration de qualité.

Ainsi, pour certaines consommations qui sont de plaisir ou de luxe, ou encore de propreté, comme le café, le tabac, les mousselines et indiennes, il y a une progression marquée dans notre patrie. Nous pourrions à cette nomenclature ajouter la bijouterie. Cette progression s'est-elle étendue à tous les objets indistinctement? à ceux qui sont plus particulièrement de première nécessité, que recommande l'hygiène? A-t-elle été la même pour toutes les classes, je veux dire dans les villes et dans les champs, parmi les ouvriers des manufactures et les cultivateurs?

Nous sommes tous plus élégamment et plus coquettement vêtus : le progrès à cet égard est évident, il crève les yeux. Une grande partie de la nation, sinon la totalité, est plus proprement logée. Sommes-nous mieux nourris? sommes-nous même mieux chauffés? le sommes-nous tous?

La réponse à ces questions n'est pas aisée. Quant à la nourriture, les bureaux du ministère du commerce avaient rédigé, pour la session de 1841 des conseils généraux d'agriculture, des manufactures et du commerce, une note de laquelle il résultait que la consommation moyenne de la viande diminuait dans le royaume. L'exactitude de cette note a été contestée. Mais, en admettant, ce qui est au moins douteux, que pour l'ensemble du royaume la consommation moyenne par tête n'ait pas décrû, il reste certain que dans quelques-unes de nos grandes villes et dans la plus grande de toutes, à Paris, elle a diminué. D'après des renseignements que j'ai lieu de croire exacts et qui viennent de diverses parties du royaume, la population des campagnes est mieux nourrie que par le passé. Devenue plus industrieuse et plus intelligente au travail, elle a pu améliorer son sort; elle boit une ration moins exigüe de vin, elle consomme de la viande ou en est moins privée. Parmi les populations urbaines, adonnées plutôt aux manufactures, il semble qu'il n'en soit pas de même, au contraire : je dis il semble, quoique la réduction de la consommation moyenne dans les plus grandes villes, et notamment à Paris, soit indubitable, authentique ; c'est qu'il ne serait pas tout à fait impossible qu'un peu plus de sobriété parmi les gens aisés contribuât pour une part appréciable à réduire la consommation moyenne.

Un adage de la sagesse antique classait dans l'ordre suivant les besoins matériels de l'homme : 1° *nutritum,* 2° *tectum,* 3° *vestitum;* la nourriture d'abord, le logis ensuite et au troisième rang le vêtement. Nous paraissons avoir renversé cet ordre dans la distribution de nos budgets particuliers. Est-ce une preuve des progrès de la raison publique? Il est permis d'en douter. La nourriture, qui importe tant à la santé et à la force des individus, à la puissance militaire des Etats, à leur importance industrielle, semble, par un écart de la civilisation, avoir été mise au second rang ou même au troisième dans les idées d'une fraction assez forte des classes populaires, qui sacrifie un plus substantiel régime de chaque jour à la satisfaction d'être plus parée et mieux logée : *ventre de son, habit de velours*. Les administrations municipales, bien plus que l'administration centrale, agissent, dans l'établissement des taxes locales, comme si elles avaient à cœur de favoriser ces fâcheuses tendances. Sous ce rapport, l'Angleterre, malgré ses lois sur les céréales, est plus raisonnable que nous.

D'après les relevés des octrois de Paris, les quantités des divers combustibles qui ont été consommées dans la capitale en 1820-21-22 et en 1839-40-41 ont été les suivantes :

ANNÉES.	STÈRES DE BOIS.			HECTOL. DE HOUILLE.
	Dur, neuf ou flotté.	Blanc.	Total.	
1820	1,004,648	158,320	1,162,968	513,797
1821	1,000,135	174,944	1,175,079	563,863
1822	810,567	162,170	972,737	716,110
Moyenne.	938,450	165,145	1,103,595	597,923
1839	760,828	145,340	906,168	1,647,764
1840	696,446	144,477	840,923	1,611,167
1841	716,944	142,974	859,918	1,824,889
Moyenne.	724,739	144,264	869,003	1,694,607

Il y a ainsi sur les bois à brûler une diminution appréciable, malgré l'augmentation de la population. Cette diminution n'est pas compensée par l'accroissement des charbons de terre, car de cet accroissement, une bonne partie est absorbée par la fabrication du gaz de l'éclairage. On peut estimer à 450,000 hectolitres ou à 41,000 tonnes, la quantité de houille distillée par les usines à gaz. Sans doute elles livrent du coke à la consommation; mais la majeure partie du coke provenant des usines à gaz reçoit une destination manufacturière; il se brûle dans les ateliers et non dans les foyers domestiques. C'est donc une masse de 450,000 hectolitres à déduire de la houille consommée pendant la dernière période; et on la réduit ainsi à 1,200,000 hect. ou à 102,500 tonnes. En puissance calorifique, on évalue que 100 kil. de houille valent les 556 millièmes d'un stère de bois, ou qu'un hectolitre, à raison de 82 kilogr. équivaut aux 456 millièmes d'un stère [1]. Toute la consommation de combustible destiné au chauffage domestique de Paris pendant l'une des trois années 1839–1840–1841 représente donc au plus 1,439,000 stères de bois. Cette moyenne, pour la première époque, étant de 1,376,000 stères, d'après l'accroissement de la population, devrait être de 1,789,000 pour la seconde; c'est en moins 350,000 stères [2]. Et cependant l'industrie manufacturière se développant de plus en plus dans Paris, il conviendrait de lui attribuer une fraction plus forte de la consommation houillère de la seconde période triennale, ce qui réduirait d'autant le contingent du chauffage domestique.

Qu'est-ce à dire donc? Le prix du bois n'a pourtant pas sensiblement haussé depuis vingt ans, et celui du charbon a baissé. Faut-il expliquer cette diminution considérable par un meilleur emploi du combustible dans des appareils plus parfaits? On commence dans Paris à avoir des cheminées meilleures ou moins mauvaises; des poêles, des calorifères qui utilisent mieux le combustible se sont répandus. J'aurais été porté à penser cependant que les perfectionnements, bien incomplets encore, qu'a reçus dans Paris le chauffage domestique avaient eu pour résultat non de réduire la dépense de chacun de nous en combustible, mais de nous procurer, pour la même somme, des habitations plus confortables. J'avoue que je reste étonné et même effrayé de l'indication fournie par le relevé de l'octroi. S'il était vrai, comme il y a lieu de le craindre, que la classe ouvrière fût plus mal chauffée à Paris qu'autrefois, ce serait déplorable. Les atteintes du froid exercent sur la santé publique, surtout sur celle des populations urbaines, qui prennent moins d'exercice extérieur que celles des campagnes, une influence presque aussi fatale qu'une mauvaise nourriture.

En regard de ces décroissements ou de ces augmentations imperceptibles à l'égard des consommations de première nécessité, l'extrême accroissement de la consommation du tabac est

[1] C'est l'évaluation admise dans les beaux travaux statistiques de l'administration des mines. On admet que 1 stère de bois pèse 360 kilog., et qu'à poids égal le bois possède la moitié de la puissance calorifique de la houille. (Voir le volume de 1839, page 12.)

[2] La population de Paris était de 714,000 en 1821, et en 1840, de 925,000.

assurément un fait dont il n'est permis de se réjouir que lorsqu'on se place à un point de vue exclusivement fiscal. Il semble en ressortir en effet qu'une partie du public français, et notamment beaucoup de personnes de la population nécessiteuse, distribuent leurs ressources avec peu de sagesse.

Le progrès du revenu des tabacs tient avant toute chose à une passion dont s'est trouvé saisi le public. Une transformation administrative restée inaperçue, et qui, prise en elle-même, mérite des éloges, n'y a cependant pas été étrangère. L'administration des tabacs, séparée en 1830 de celle des contributions indirectes, dans laquelle elle était englobée, ayant acquis dès lors une vie personnelle, s'est occupée avec plus de soin de la fabrication; les tabacs à priser sont devenus plus parfaits; la dépense a été diminuée; les procédés manufacturiers usités dans les fabriques se sont améliorés. C'est depuis lors que le personnel des agents de ces fabriques s'est recruté d'élèves de l'Ecole polytechnique, et qu'on s'est conformé au goût des consommateurs en s'approvisionnant de tabacs fins à fumer, comme les cigares de la Havane et plus récemment de Manille. En ce moment, l'habile administrateur qui est chargé de la direction de ce service se prépare à mettre en vente des cigarettes que la régie se réserverait le privilége de préparer. Si cette séparation des tabacs a exercé une heureuse influence sur les produits de cette branche du revenu public, il y a lieu de croire qu'on les accroîtrait encore en remettant à l'administration des tabacs le soin de surveiller la vente. Celle-ci s'opère par les soins de 29,000 débitants placés sous le seul contrôle des agents des contributions indirectes. Il est naturel de penser que ceux qui fabriquent le tabac devraient intervenir dans cette surveillance, et seraient plus aptes à la rendre intelligente, au grand avantage du public, contre lequel se pratiquent encore des fraudes. Il est donc probable qu'un jour on complétera les attributions du directeur-général des tabacs en faisant entrer dans son domaine tout ce qui concerne la vente.

PROGRESSION COMPARÉE DES REVENUS PUBLICS DE 1816 A 1830 ET DE 1830 A 1843.

Il est intéressant de comparer la progression des recettes publiques qui se manifeste depuis 1830 à celle qui avait lieu précédemment. D'après le rapport au roi présenté par M. de Chabrol, ministre des finances, en mars 1830, pendant le cours entier de la Restauration, à partir du 1er janvier 1816, le revenu public s'était accru de 120 millions, balance de 212 millions d'augmentation et de 92 de diminution ou plutôt de dégrèvement [1]. C'est un beau résultat, qui atteste une bonne administration. En outre, des économies avaient été réalisées. La comparaison est pourtant à l'avantage de la période comprise entre 1830 et 1843. Exposons-en les termes en détail, en corrigeant les chiffres de M. de Chabrol par ceux de M. Lacave-Laplagne, correction qui sera à l'avantage de la Restauration.

DÉSIGNATION DES CONTRIBUTIONS.	PÉRIODE de 1816 à 1830.		PÉRIODE de 1830 à 1843.	
	Augment.	Diminut.	Augment.	Diminut.
Contributions directes, par voie de répartition (foncière, mobilière, portes et fenêtres)	»	92	59	»
Patentes	7	»	15	»
Enregistrement, timbre et domaines	40	»	51 [2]	1
Forêts	11	»	5	»
Douanes et navigation maritime	60	»	32 [3]	»
els	12	»	4 [4]	»
oissons	54	»	20	32
Tabacs	13	»	32	»
Poudres	2	»	1	»
Voitures publiques	3	»	4	»
Navigation et autres contributions indir.	7	»	5	»
Postes	12	»	18	»
Loterie et jeux	»	»	»	18
Recettes diverses	»	»	17 [5]	2
	221	92	263	53
BALANCE	129		210	

[1] M. de Chabrol avait omis dans ce calcul quelques augmentations s'élevant à 9 millions que nous avons rétablies dans le tableau ci-après.

[2] Déduction faite d'un million pour services spéciaux rattachés au budget de l'État depuis 1830.

[3] En comptant le produit sur le sucre indigène, de 7 millions, mais déduction faite du produit du plombage, qui est d'un peu plus d'un million.

[4] En comptant un accroissement de 2 millions perçus sur les extractions de sel à l'intérieur.

[5] Non compris 4 millions de produits universitaires qui, en 1830, ne figuraient pas au budget, et en omettant de même 2,440,000 fr. pour l'Algérie, 1,050,000 fr. montant de la rente de l'Inde, et les 5,994,000 fr. du budget des colonies.

Cette comparaison est toute à l'avantage de la seconde période. La moyenne par année, de 1816 à 1830, est de 9 millions; de 1830 à 1843, elle est de 15, et si l'on tient compte de l'accroissement qui se manifeste au delà des prévisions, depuis le commencement de l'année courante, on devra porter le chiffre de 210 millions à 250 au moins, ce qui élèverait la moyenne annuelle de la deuxième époque à 19 millions.

La Restauration trouva la France dans des conditions peu favorables au travail et par conséquent au développement de la fortune publique et des revenus de l'État. Par le seul fait qu'elle lui apporta la paix, elle la plaça dans des circonstances bien plus propices à l'accroissement de la richesse particulière et de celle de l'État. Par la paix se trouva levé le blocus des ports, et les douanes devinrent productives. Le dégrèvement opéré par la Restauration sur les contributions directes, et qui fut considérable, ne fut pas un abandon aussi gratuit que celui des 18 millions des jeux et de la loterie, ou que celui de 32 millions sur les boissons, consenti en décembre 1830 par les Chambres. C'était en majeure partie la remise des surcharges momentanément imposées aux contribuables pendant les deux dernières années de l'Empire. On peut dire, d'un autre côté, que la France épuisée eut alors besoin d'un délai pour se remettre au travail et commencer à s'enrichir. De même qu'un malade, pendant les premiers jours de la convalescence, ne recouvre ses forces qu'avec une extrême lenteur, il était naturel que notre patrie fût plus lente à se relever et à acquérir une vigueur nouvelle dans les premiers temps qui suivirent les souffrances du régime guerrier.

DE L'ASSIETTE DE L'IMPOT.

A propos de l'impôt, il est naturel de se demander qui le paye, par quelles voies il s'acquitte, sur quelles classes il porte spécialement. Demande-t-on à tous, ou de préférence à une partie de la nation? L'impôt ressemble-t-il à une capitation, ou est-il exactement proportionné à la fortune des contribuables? L'agriculture est-elle grevée plus ou moins que l'industrie manufacturière ou commerciale? La propriété foncière est-elle plus ou moins ménagée que la propriété mobilière? Celui qui produit est-il plus favorisé que celui qui consomme? Nos lois d'impôt ont-elles le caractère de lois somptuaires?

Nous posons ainsi la question sous beaucoup de formes, plutôt pour montrer combien elle a de faces diverses que pour examiner toutes ces faces en détail ; à l'égard de quelques-unes ce serait sans aucun intérêt en France.

Notre patrie est une terre d'égalité. On n'y trouve pas dans les fortunes les inégalités extrêmes qui frappent les regards en d'autres pays. La richesse, le faste y existent, mais sont le lot de quelques personnes et non pas d'une classe. La misère la plus profonde y est de même exceptionnelle. Nous sommes généralement peu aisés ; mais si très-peu de personnes nagent dans l'opulence, très-peu pareillement sont en proie à une indigence cruelle. De là pour le fisc une tendance à donner à ses procédés, de préférence, toutes les fois qu'il le peut, le caractère d'universalité, et à négliger les existences qui, par leur grandeur, sembleraient devoir attirer ses coups, comme les montagnes attirent la foudre. Il s'attaque à la nation en bloc. Protée que rien ne rebute, il nous suit à tous les instants de notre vie, il prend sa part de toutes nos consommations et prélève sur toutes nos transactions une prime ; mais de toutes les formes, il affectionne le plus celle qui lui permet d'étreindre de ses bras la masse principale, au risque de perdre le détail, l'exception. Il pousse cette prédilection jusqu'à se montrer quelquefois sous les traits de la capitation. Il ne ménage personne, ni le riche ni le pauvre; mais le pauvre étant le plus nombreux de beaucoup, il le taxe volontiers, parce que c'est le moyen de beaucoup recueillir. Il a des besoins énormes, car nous avons à supporter le lourd fardeau d'un passé belliqueux, sous la figure de dette publique, et par-dessus nous avons la charge d'une grande armée de terre, celle d'une grande armée de mer, celle d'une colonisation militante en Algérie ; en conséquence le fisc saisit l'argent partout où il en aperçoit : le voyant non concentré, mais épars, il a recours aux moyens généraux.

Voici ce qui s'ensuit :

Nos lois d'impôt ont peu le caractère de lois somptuaires, parce qu'elles ne peuvent que fort peu l'avoir ; de là vient que sous plusieurs rapports, la classe la plus nombreuse semble être plus lourdement taxée, relativement, que la très-petite minorité composée de riches. Le pays étant principalement agriculteur et la majeure partie de la richesse consistant en valeurs territoriales, le fisc s'adresse à l'agriculture plus encore qu'à l'industrie manufacturière ou commerciale, et à la propriété foncière plus qu'à la propriété mobilière. Le travail étant la loi commune, l'impôt le frappe non moins que la consommation. Ce n'est point qu'il y ait un parti pris de sacrifier le grand nombre à une minorité oligarchique, l'agriculture aux manufactures ou au négoce, le travailleur au consommateur, la propriété foncière à la propriété mobilière. Pareille détermination serait absurde à la suite de la révolution française, faite au cri d'égalité ; elle serait tout bonnement impossible en un pays où le plus actif et le plus influent des pouvoirs publics tire son mandat de la propriété foncière, de l'agriculture, et généralement du travail. Notre régime fiscal résulte à peu près de la nature même des choses. Ainsi, c'est en vertu de la nature de la matière imposable que l'on maintient l'impôt indirect du sel, véritable capitation; c'est forcément que la principale contribution *directe*, la contribution foncière, demeure aussi lourde : on ne saurait trouver autrement les sommes dont on a besoin ; c'est pareillement en vertu de l'essence même de la consommation française que les contributions indirectes en général sont assises sur la quantité plutôt que sur la qualité des denrées. Tout cela, j'en conviens, est peu satisfaisant pour l'esprit, et pourtant il ne s'en faut pas de beaucoup que ce soit le meilleur des mondes *possibles*.

Un de nos hommes les plus éminents par leurs connaissances et par leur expérience en matière financière, M. d'Audiffret, a fait le départ de l'impôt. Il a mis en regard la masse des taxes directes et celle des indirectes ; il a comparé la somme exigée de la propriété foncière à celle qu'on réclame des autres propriétés. Il est arrivé à cette opinion, que la propriété foncière était grevée à l'excès ; d'où il a déduit qu'il y avait de l'injustice dans nos lois fiscales. La conclusion eût été plus parfaitement exacte si elle se fût réduite à ces termes : que la France était un pays trop imposé, et qu'il serait bien à désirer qu'on allégeât le fardeau des contribuables ; or, malheureusement cette affaire est du ressort non pas de notre gouvernement seul, quoiqu'il y puisse bien quelque chose, mais de l'aréopage des gouvernements européens.

Les calculs de M. d'Audiffret roulent sur l'exercice 1837. Voici quelle en est la substance : la propriété immobilière paye l'impôt foncier, les portes et fenêtres, une grande partie de l'enregistrement, soit 450 millions, ou sur un budget effectif de

889 millions, 51 pour 100. Il y a de plus les impôts directs sur les propriétés mobilières et les personnes, soit 128 millions produit de la cote personnelle et mobilière, des patentes et d'une portion de l'enregistrement, ou 14 pour 100. Les impôts indirects, taxes de consommation, des sels, des boissons, des denrées coloniales, droits de douanes, droits de navigation, de transit, d'entrepôt, et diverses redevances attachées à l'exercice d'une industrie ou au bénéfice de certaines garanties, rendent 311 millions, ou 35 pour 100.

Pour apprécier la critique de M. d'Audiffret, nous prendrons trois époques successives, celle de 1837 et deux autres, l'une antérieure, 1828 par exemple, et la seconde postérieure, 1843 ; mais nous ferons subir à sa classification une modification que nous croyons juste en rangeant le produit des postes et celui des tabacs et des poudres, et quelques autres revenus accessoires, tous revenus dont il ne tient pas compte, parmi les impôts indirects. On arrive ainsi aux résultats suivants [1] :

CLASSES DES IMPÔTS.	1828.		1837.		1843 [2].	
	Montant en millions.	Proportion en centièm.	Montant en millions.	Proportion en centièm.	Montant en millions.	Proportion en centièm.
Impôts sur la propriété immobilière	392	41	450	44	482	42
Impôts sur les personnes et sur la propriété mobilière	100	11	128	13	149	13
Impôts indirects	453	48	441	43	520	45
TOTAUX....	945		1,019		1,151	

De ce tableau ressort ce fait, que les modifications introduites en 1830 et postérieurement dans nos lois de finances troublèrent le rapport qui existait auparavant entre les diverses contributions, au détriment de la propriété foncière. Cette pro-

[1] De la somme votée par les Chambres, M. d'Audiffret a défalqué 55 millions montant de valeurs mobilières ou immobilières vendues par l'État, et 130 millions, qu'il considère comme le prix de services rendus ou comme l'équivalent de matières vendues par l'État, tels que les postes, les tabacs, les poudres, la garantie des matières d'or et d'argent, la vérification des poids et mesures.

[2] Pour les deux exercices 1828 et 1837, nous consignons ici les sommes recouvrées; pour 1843, c'est sur les prévisions du budget, qui seront de beaucoup dépassées quant aux contributions indirectes, et quant à l'enregistrement, qui rentre, en grande partie, parmi les impôts sur la propriété immobilière.

priété a été imposée davantage proportionnellement, par degrés, quelques années après la révolution de juillet ; la consommation l'a été un peu moins relativement, en vertu du dégrèvement de 1830. La charge des deux parts a été augmentée en quotité absolue ; mais les forces de l'une et de l'autre, au moment où ces aggravations de charges avaient lieu, étaient accrues en proportion. C'est donc seulement le changement relatif que nous avons ici en ce moment à prendre en considération. Quant aux impôts sur les personnes et sur la propriété mobilière, qui sont assez limités en quotité absolue, ils ont augmenté dans un rapport plus grand que la masse entière du revenu public. Nous les trouvons de 149 millions en 1843 ; d'après les rapports des totaux des deux budgets en 1828 et en 1843, ils eussent dû n'être que de 122.

Mais depuis quelque temps le cours naturel des choses pousse en avant, semblable au flot de la marée montante, le chiffre des impôts de consommation ; les proportions qui existaient avant 1830 entre ces impôts et les contributions sur la propriété foncière tendent ainsi à se rétablir. Nous aurions rendu ici cette tendance bien plus manifeste, dans le tableau comparatif ci-dessus, si nous y avions fait figurer une des années immédiatement postérieures à la révolution de juillet ; car pendant ces premières années du nouveau régime, le chiffre proportionnel du rendement des impôts indirects était tombé beaucoup plus bas qu'en 1828, et depuis lors il se relève avec une vigueur remarquable. Avec le temps, la richesse du pays se développe, la fortune mobilière se forme, et il consomme davantage. Nous nous rapprochons, non sans nous tenir à bonne distance, de l'Angleterre, où les taxes de consommation forment la majeure partie du revenu public et où la propriété foncière est à peu près affranchie de toute taxe directe d'Etat.

Il faut même bien s'entendre sur la portée des changements fiscaux opérés en 1830 ou depuis, à l'égard des impôts indirects. Dans le nombre, il en est qu'à coup sûr M. d'Audiffret approuve ; c'est la suppression des jeux et celle de la loterie, qui ont rendu en 1828, 20,400,000 fr. [1]. Défalquant ces impôts de l'exercice 1828, il reste pour le chiffre des impôts indirects de cette année 433 millions sur 925, ou 46 pour 100, la proportion

[1] En 1828, le produit de la loterie a été exceptionnellement élevé.

des taxes sur la propriété foncière devenant de 42. Ce sont, à très-peu près, les mêmes rapports qu'en 1843, et si l'on tient compte de l'accroissement effectif des revenus indirects comparés aux prévisions pour 1843, non-seulement la parité proportionnelle sera rétablie complétement, mais encore il se trouvera que la propriété foncière aura gagné un peu au change dans le passage de 1828 à 1843.

Ce n'est pas tout. Le surcroît absolu d'impôt que supporte la propriété foncière depuis 1830 lui a été imposé non pour les services généraux de l'Etat, mais en majeure partie, on l'a vu, pour des services spéciaux et locaux qui lui profitent plus qu'au reste des citoyens. Il est réservé, en effet, principalement aux chemins vicinaux et aux écoles, deux améliorations qui sont plus directement à l'adresse des habitants des campagnes et de la propriété agricole que du reste des citoyens. C'est spontanément que la propriété paye cet accroissement d'impôt.

Ce n'est pas que nous approuvions à l'égard des boissons les changements introduits dans les finances françaises : nous l'avons dit, la réduction consentie dans le droit de détail est une mesure fâcheuse. Le mode de perception proposé par M. d'Audiffret, et qui au suffrage d'un aussi habile financier joint celui des administrateurs les plus éclairés qu'ait comptés la Restauration, et la quotité même qu'il recommande ont droit à l'approbation des esprits pratiques, peu jaloux d'une vaine popularité, soucieux au contraire de faire prévaloir les règles d'une immuable équité. C'est un système remarquable par sa simplicité. En cela il serait avantageux d'accepter l'héritage de l'administration antérieure à 1830.

On pourra revenir aussi, avant qu'il soit longtemps, à l'idée d'imiter en France les impôts sur le luxe qui subsistent en Angleterre sur les chevaux, les voitures, le nombre des domestiques et les chiens. Toutes les fois qu'on a voulu asseoir des impôts pareils en France, on a reconnu qu'ils seraient d'un produit insignifiant. Nous étions une nation pauvre, vivant d'économie. Il est manifeste que nous commençons à posséder plus d'aisance; le luxe apparaît, il est dans les goûts du jour. En Angleterre, pays aristocratique, le fisc traque le luxe sur tous les points. Il n'y a pas de raison pour qu'en France on le ménage. On pourrait abandonner aux localités le produit des impôts sur le luxe. Si dans Paris on demandait aux voitures particulières, aux chevaux de selle ou de voiture, et aux domestiques, l'impôt qu'on perçoit maintenant sur la viande, on ferait une opération de toute équité. Un impôt sur les chiens aurait l'effet, non de produire une somme appréciable, mais d'en diminuer le nombre dans Paris et généralement dans les villes. Ce serait une économie pour les classes peu aisées, qui ont trop souvent la manie de vivre en compagnie d'un de ces animaux et de partager avec lui leur modique pitance. La disparition des chiens ne serait pas indifférente non plus à la bonne hygiène, à la diffusion des habitudes de propreté parmi les populations [1].

On estime qu'il y a aujourd'hui dans Paris 600 cabriolets de maîtres et 14,000 voitures à quatre roues. En taxant les premières à 100 fr. par an et les autres à 150 fr., ce qui diffère peu des impôts en vigueur en Angleterre [2], on obtiendrait

[1] En Angleterre, les droits qui peuvent spécialement être qualifiés de somptuaires ont donné les revenus suivants pendant l'exercice 1840, pour la Grande-Bretagne seule, sans compter l'Irlande, c'est-à-dire pour une population de 18 millions.

OBJETS DES TAXES.	PRODUIT NET.
Domestiques	5,474,781 fr.
Voitures	12,157,875
Chevaux de selle ou de voiture	8,700,418
Autres chevaux de luxe et mules	1,807,875
Chiens	4,316,488
Marchands de chevaux (droit spécial)	358,500
Poudre à cheveux	150,490
Armoiries	1,759,546
Total	34,725,973 fr.
Ajoutant 10 pour 100 afin de tenir compte des frais de perception	3,472,597
On a le total de	38,198,570 fr.

[2] En Angleterre, la taxe est, pour les voitures à deux roues et à un seul cheval, de 3 liv. st. 5 sch. (82 fr.); sur les voitures à quatre roues pour les personnes qui en ont une seule, elle est de 6 liv. st., (151 fr. 50 c.); mais la taxe augmente progressivement avec le nombre des voitures. La personne qui a neuf voitures à quatre roues paye, par voiture, 9 liv. st. 1 sch. 6 d. (229 fr. 13 c.), et on paye de plus un droit spécial sur les chevaux. En 1810, le gouvernement prussien avait établi des impôts de luxe sur les domestiques, les voitures, les chevaux, les chiens. Le droit était, pour une seule voiture à quatre roues, de 8 thalers (29 fr. 68 c.); pour une voiture à deux roues, de 6 thalers (22 fr. 26 c.)

de ce chef seul une somme de 2,800,000 fr. Or, en 1841, le droit d'octroi sur la viande de boucherie a rendu 3 millions et demi : si l'on portait à 200 fr. le droit sur les voitures à quatre roues, on atteindrait ce chiffre exactement. Les voitures de place payent une taxe : on ne voit pas pourquoi celles de maître en seraient affranchies.

Moyennant l'accroissement du produit des taxess de consommation, sur lequel on a le droit de compter désormais, on pourrait faire un pas de plus vers la peréquation de l'impôt foncier en procédant, ainsi qu'on l'a fait jusqu'à ce jour, par voie de dégrèvement.

En exprimant ainsi une opinion favorable à l'accroissement proportionnel des impôts de consommation, nous éprouvons le besoin de motiver sommairement notre opinion et d'indiquer en quoi elle diffère et de celle de M. d'Audiffret, et de celle d'une école recommandable qui est opposée aux impôts de consommation en principe.

En ce qui concerne l'honorable et savant président de la Cour des comptes, nous nous sommes déjà expliqué. Nous avons dit comment les taxes sur la propriété foncière étaient réparties peu équitablement entre les localités, comment dans leur quotité totale actuelle elles étaient exagérées, même relativement au système général de nos impôts, qu'on peut à bon droit qualifier d'excessifs, mais comment, dans leur montant total, elles étaient à peu près justifiées pleinement par une fâcheuse nécessité. En laissant de côté la question de peréquation, le plus grand service à rendre à l'agriculture est moins de la dégrever que d'améliorer ses conditions de production et de débouché, ce qui peut se faire par un emploi judicieux d'une partie des revenus publics, par des communications meilleures, et notamment par les chemins vicinaux et les canaux, par des ouvrages d'irrigation et par le perfectionnement du crédit agricole. Si pendant un intervalle de quinze à vingt ans on restait imperturbablement fidèle à la résolution de ne pas ajouter un centime aux taxes sur la propriété foncière, et que l'agriculture occupât dans les préoccupations de l'administration et dans les colonnes du budget des dépenses le rang qu'elle doit y tenir, l'impôt qu'elle supporte, lourd aujourd'hui, lui deviendrait fort tolérable, et la balance fiscale entre les impôts sur la propriété foncière, les impôts de consommation et les taxes sur la propriété mobilière et les personnes se trouverait renversée tout naturellement, par la force même des choses, sans qu'on eût touché au tarif qui règle la perception des contributions de toute nature.

Lorsque la propriété mobilière sera plus considérable en France, on pourra rechercher de nouveaux moyens de l'atteindre. L'expédient de l'*income tax* (taxe sur le revenu), auquel on a eu recours récemment en Angleterre comme à une ressource provisoire, qui est dans la pratique habituelle et régulière d'autres pays, qui est usitée aux Etats-Unis, par exemple, et qui n'y excite pas de réclamations, n'a rien qui dût chez nous exciter de vives répugnances, à la condition cependant qu'on n'y astreignît pas la propriété foncière. Le propriétaire foncier paye aujourd'hui sur son capital, il paye sur son revenu par les impôts de consommation. C'est bien assez. De la sorte, les deux propriétés immobilière et mobilière seraient vite au même niveau. Entre un impôt pareil et un impôt de consommation semblable à une capitation, tel que celui qui pèse sur le sel, l'hésitation ne nous semble pas permise.

Il existe, avons-nous dit, une école fort respectable qui repousse systématiquement les impôts de consommation. Aux économistes de cette opinion, l'avis exprimé dans le courant de cet écrit, d'accroître quelques-uns de ces impôts, et de revenir par exemple sur la loi de décembre 1830, paraîtra une énormité. Mais nous oserons leur dire qu'ils s'abusent, en ce qui concerne la France, sur la convenance et l'équité de ces taxes, et que, même en ce qui concerne l'Angleterre, la réprobation dont elles ont été l'objet est loin d'être fondée. En Angleterre, le riche propriétaire foncier est lourdement imposé : il a la taxe des pauvres, qui, pour ne pas figurer au budget de l'Etat, n'en est pas moins considérable ; il a les taxes locales, qui sont fort élevées; il a les impôts sur le luxe. Le pauvre est affranchi, de temps immémorial, des droits d'octroi en Angleterre; depuis quelques années il l'a été intégralement du droit sur le sel et des sept huitièmes de la taxe des lettres. Les droits sur les céréales ont été mitigés et paraissent devoir l'être bientôt plus encore, car l'*agitation* entreprise par l'*Anti-corn-law League* semble devoir conduire à un résultat assez prochain.

Ainsi, la répartition de l'impôt entre les pauvres et les riches est pour le moins aussi libéralement faite en Angleterre que partout ailleurs, et nommément chez nous.

En France, l'assertion des ennemis des droits de consommation, que ces droits atteignent le travailleur et les masses laborieuses particulièrement, tandis que l'impôt foncier ne s'adresse qu'aux gens de loisir, est dénuée d'exactitude. Elle n'est pas sans quelque fondement en Angleterre, où la terre est l'apanage exclusif de la noblesse et des riches, et où il existe une classe nombreuse savourant les douceurs du loisir. En France, les gens de loisir sont fort peu nombreux ; ils ne forment pas une classe. La société française est vouée au travail tout entière. La terre appartient tantôt à des travailleurs qui la cultivent de leurs mains, tantôt à d'autres travailleurs pratiquant d'autres professions et plaçant en terres le capital de leurs épargnes ou de leur héritage ; mais de plus en plus la première de ces deux classes de propriétaires fonciers, celle des cultivateurs, empiète sur l'autre. Alléger relativement les charges de la propriété foncière, ce ne serait donc pas sacrifier le travail au capital.

Le système fiscal de la France demande des impôts au capital et à la consommation, parce que la somme requise pour les dépenses publiques, telles que le pays les vote par les Chambres, ne pourrait être obtenue si l'on puisait à une seule de ces deux sources. Je ne crois pas qu'il y ait un seul grand pays où la propriété foncière supporte directement des impôts supérieurs ou même égaux à ceux qu'elle acquitte en France. Voilà pourquoi nous émettons ici le vœu que la propriété foncière soit soulagée sinon absolument, du moins relativement. Si les rapports des puissances européennes s'établissent sur le pied d'une plus grande confiance, ou si, donnant l'exemple de la sécurité que leur inspire le progrès des idées de travail, et de leur foi dans l'avenir de la politique industrielle, les Chambres, assumant une noble initiative, jugeaient à propos de diminuer dans une forte proportion les dépenses militaires du pays, nous comprendrions que le budget des recettes fût modifié de manière à réduire certains impôts de consommation, non moins qu'à atténuer les taxes directes sur le capital foncier. Mais, à l'exception de l'impôt du sel, il n'y a pas d'impôt indirect qui doive, dans l'ordre des réductions, passer avant l'impôt foncier [1].

[1] Nous parlons ici de réductions sur le chiffre du produit total à espérer d'un

Répétons au surplus, en terminant, que le dégrèvement, à part quelques cas particuliers, nous semble d'une mauvaise politique. Quand un pays a contracté l'habitude d'un impôt, il convient de le maintenir, sauf à le restituer aux contribuables sous la forme de dépenses productives et de ces mille améliorations fécondes que l'économie politique est en mesure de signaler.

impôt, et non d'un abaissement du tarif d'après lequel cet impôt est perçu. On sait que les réductions sur certains droits de douane tourneraient à la fois à l'avantage du consommateur et à celui du Trésor; il en est de même de quelques autres impôts indirects, parmi lesquels il convient de comprendre le droit d'enregistrement applicable à certaines circonstances qui ont été indiquées plus haut.

www.ingramcontent.com/pod-product-compliance
Ingram Content Group UK Ltd.
Pitfield, Milton Keynes, MK11 3LW, UK
UKHW020351180726
13839UKWH00003B/1026

9 782329 163536